Justine ELONGA KAHANDE

Perdre sans se perdre

Justine ELONGA KAHANDE

Perdre sans se perdre

<< blessé mais guéri >>

Éditions Croix du Salut

Imprint
Any brand names and product names mentioned in this book are subject to trademark, brand or patent protection and are trademarks or registered trademarks of their respective holders. The use of brand names, product names, common names, trade names, product descriptions etc. even without a particular marking in this work is in no way to be construed to mean that such names may be regarded as unrestricted in respect of trademark and brand protection legislation and could thus be used by anyone.

Cover image: www.ingimage.com

Publisher:
Éditions Croix du Salut
is a trademark of
Dodo Books Indian Ocean Ltd. and OmniScriptum S.R.L publishing group

120 High Road, East Finchley, London, N2 9ED, United Kingdom
Str. Armeneasca 28/1, office 1, Chisinau MD-2012, Republic of Moldova, Europe
Printed at: see last page
ISBN: 978-620-6-16972-7

PERDRE SANS SE PERDRE
« Blessé mais guéri »

Sauf indication contraire, les références citées dans le présent ouvrage sont tirées de la bible louis second révisée, édition 1975.

La reproduction totale ou partielle de ce livre sous toutes ses formes est interdite sauf sur l'autorisation écrite de l'auteur.

TABLE DES MATIERES

I. DEDICACE

Je viens par ce livre encourager toute personne qui est abattue et qui est sur le point d'abandonner.

Ce livre intitulé « ***Perdre sans se perdre*** » peut-être vous me lissez aujourd'hui, il y'a pas des hontes à perdre, car si vous ne vivez pas des vies difficiles ce que ce vous qui faites vivre aux autres des temps difficiles, mais il y'a une solution : acceptez de perdre votre orgueil et d'être brisé par Dieu et vous verriez.

Quand les gens me demandent pourquoi aimes-tu tant parler de Dieu ?

Je réponds que tout a commencé dans le ventre de ma mère.

Je réponds vous ne savez pas le pouvoir que peut avoir la vérité.

Je réponds que vous ne savez pas ce que ça fait de rester dans l'attente en train de chercher les moindres signes. Je réponds que quand tout le monde m'a quitté, Il est toujours resté avec moi et Il a changé ma vie.

Ma prière est que le Seigneur te soutient dans tes projets, dans ta vie, dans ton ministère, dans tes études, dans ta famille, dans la vie de tes enfants et que sais-je encore ! Autres fois, nous étions abandonnés, livrés à nous-même mais Jésus nous a affranchi, désormais nous sommes libres ; il a payé le prix, oui son sang nous justifie.

Je me rappelle lorsque j'étais dans la galère et fauchée mon entourage avait déclaré qu'il serait impossible pour moi de me relever, car selon eux j'avais déjà gaspillé et laissé passer beaucoup de mon temps, mais savez-vous quoi, pendant que j'étais en train d'écrire ce livre après trois ans j'étais à la tête de mon propre entreprise, j'étais déjà la propriétaire de cette dernière ; certainement dans les jours à venir je vous parlerai comment je m'étais retrouvée à la tête de cette société , mais aujourd'hui j'aimerais qu'à travers ce livre encourage quelqu'un pour qu'il n'abandonne pas, donc toi acceptes de perdre ton confort, un peu de ton temps, tes biens, ton entourage, ton travail, ton physique mais pas toi, pas ton intérieur ni tes objectifs, car dans le chronomètre que Dieu a lancé pour nous il y a inclus ces instants de perte. Oui je sais que dans ce moment Dieu nous enseigne encore d'avantage sur lui et suite à ça la vie devient encore plus intéressante, comme Il le déclare dans Jérémie 29 :11 (LSG), Car Je connais les projets que j'ai formés sur vous, dit l'Éternel, les projets de paix et non de malheur, afin de vous donner un avenir et de l'espérance.

Laisse-moi te dire maintenant on ne le voit pas mais on le verra plus tard car Il n'est pas un homme pour penser comme un homme, car rien ne Lui est impossible et Il ne reste jamais en dette, ce pourquoi il paye même pendant ton absence en rendant le bien à ta génération future.

Jésus-Christ est le chemin et la vérité et pour ceux qui vont me lire j'aimerai vous rappeler que jésus revient, et nous devons nous repentir de nos péchés et mettre notre fois en lui car il reviendra quand on n'y attendra pas et c'est le moment de se réveiller si vous n'avez pas votre espérance en lui.

Allez-y comprendre que si tu acceptes de ***perdre sans se perdre*** certainement tu seras bien payé, on dit qu'une de perdue dix de retrouver oui c'est vrai car aujourd'hui si je vous parle de ces personnes c'est parce que tous ils ont un point commun ; ils ont retrouvé le Christ.

II.REMERCIEMENT

A mon charmant père Jacques BALAGIZI KAHANDE et ma charmante mère Angel MBISO BUTARAGAZA qui ont toujours été là pour m'encourager une forte reconnaissance à Dieu de vous avoir choisis comme mes parents.

A mes quatre sœurs et six frères :

Chadrakc, Charline, Esther, Meshakc, Abedi, Eshima, Glady, Laurence, consolée et Lebon tous mes remerciements pour leurs sentiments affectueux envers moi.

A mon père dans le ministère, le révérend Denis HANGI BUUNDA pour tous ses conseils, ses prières et ses orientations, je suis très reconnaissante et je remercie le ciel de vous avoir choisi comme père spirituel.

A mes quatre oncles maternels : PAPY M. Innocent, BASHOMEKA B. Jean-Claude,

RAMAZANI M. Valentin et PALUKU K. Prince je vous remercie pour votre temps ainsi que vos sacrifices.

A mes deux mentors PAPA Pacifique BAYONGWA et PAPA Jérémie HANGI je prie que Dieu vous donne des vies longues afin que vous puissiez me voir accomplir des grandes choses. A toute mon équipe des lecteurs :

Prof Gabriel BOMBAMBO, MAMAN Kungwa, PAPA Radia LOBEYI, PAPA Gautier, Fr SAFARI Anaclet, Fr John IRAGI, Sr Ornella NSIMIRE, Sr Rebecca BIGIRINEZA, Fr Emmanuel wany, Frère Ruben wallay et le Fr Guillain NDARWA : je vous remercie pour votre temps et votre dévouement.

En fin à toute la communauté 34è CADAF MAKIMBILIO, à toute la communauté AFRICAN LEADERSHIP, à toute la communauté FULL GOSPEL et le CENTRE BIBLIQUE/Goma ; bien aimés frères et sœurs de près comme de loin, trouvez ici tous mes sentiments de reconnaissance pour votre attachement, votre amour et votre accompagnement en tout, je vous dis merci très profondément.

Que tous ceux qui ne sont pas cités ne se sentent pas oubliés, car je les porte entièrement au fond de mon cœur.

III.   PREFACE

Selon le dictionnaire Larousse le mot ***perdre*** signifie être privé de quelque chose qu'on avait, qu'on possédait. Tandis que ***se perdre*** signifie s'éloigner, s'égarer.

Aujourd'hui par ce livre je veux essayer de vous parler du sentiment d'être tombé tout au fond d'un trou et de la difficulté d'en sortir, je veux vous parler de la philosophie du guérie, au moment où j'ai compris que des événements m'avaient brisé et qu'il fallait que j'arrive à les surmonter.

Oui certains lecteurs trouveront pourtant que je n'apporte rien de nouveau à ceux qui cherchent un sens à leurs vies et aux choses qui les entourent.

Mais pour moi ***perdre sans se perdre*** est possible si je vis **la prière**, la sanctification, la confiance et la reconnaissance : demandes ça à Job.

Que-est-ce que **la prière** ? le problème avec le français est que le mot prière du coup les gens pensent que c'est toujours demander, non ce n'est pas toujours demander, le verbe prier c'est vrai en français donne l'impression que des demandes ; mais non, la prière est un dialogue à deux sens, je parle à Dieu et Dieu me parle, encore plus avant que nous finissions notre phrase il connait les pensées de nos cœurs, il connait nos besoins avant que nous les sentions.

De fois sans ouvrir la bouche et que vous adressez ces pensées là à Christ, il y'a une conversation à l'intérieur, il n'existe plus qu'une pensée vous traversez sans qu'il n'y soit un témoin, Dieu est là.

Peut-être tu es parmi les personnes qui se posent cette question pourquoi je prie Dieu, mais rien ne change dans ma vie ?

La réponse est simple ; parce qu'il vous manque la confiance en Dieu. Marc 11 :23 (LSG)

Je vous le dis en vérité, si quelqu'un dit à cette montagne : Ote-toi de là et jette-toi dans la mer, et s'il ne doute point en son cœur, mais croit que ce qu'il dit arrive, il le verra s'accomplir.

La liste est longue des personnes qui pensent que la perte ou perdre est synonyme de se perdre alors que c'est faux, voilà pourquoi aujourd'hui par ce livre je viens te dire que toute perte n'est pas la fin car de fois c'est un début comme ce diton qui dit : « pour mieux sauter il faut reculer » ton plus grand combat devient ta plus grande force.

Imagines seulement un monde sans épreuves, pour moi il ne sera pas intéressant, oui les gens dissent que le monde dans lequel nous vivons est bizarre, mais oui c'est avec des choses bizarre que l'histoire s'écrit parfois ; donc pour moi il devient intéressant avec ces dernières et grâce à ça nous apprenons plus tout le jour puisque Dieu intervient quand il y'a aucun début de réponse ni de solution juste à la fin de nos pensées, dans sa présence l'impossible devient possible. Trop souvent on est focalisé par moment qu'on perd toute vision périphérique or c'est dans le virage que se cachent les arrières pensés.

Aujourd'hui je suis sincèrement reconnaissante d'avoir eu ce processus, car c'est ce qui m'a construit et façonné.

Ce combat m'a donné une force incroyable. Alors aujourd'hui je ne peux vous dire que quand tu touches le fond tu ne peux que remonter, c'est quand les gens commencent à te juger que Dieu intervient et que le problème dans la vie ne vient pas seul, donc on ne peut pas le fuir mais le résoudre en supportant ceux qui a à supporter ensuite on trouvera notre réponse car cette dernière est de pair avec le problème en question. Sachez que Dieu ne fait rien au hasard, il a un but qui surpasse votre compréhension de choses de la vie. Que-ce-que Dieu est bon, laisses la parole de Dieu sature ta vie, il y'a pas la plus grande chose que Dieu n'est jamais fait, j'ai lu la bible de Genèse à apocalypse tout ce que j'ai gardé c'est que la parole de Dieu restera, mais tout passera. Ésaïe 55 :8 (LSG)

Car mes pensées ne sont pas vos pensées, Et vos voies ne sont pas mes voies, dit l'Éternel.

Je prie que Dieu t'aide à rester dans le droit chemin malgré les saisons, qu'il t'aide à comprendre que rien ne lui est impossible et qu'il te lie à des personnes qu'il faut pour ta destinée, Amen.

<u>Résumé l'un des lecteurs de " Perdre sans se Perdre "</u>

Ça fait des années que je suis là perdue au milieu de ma tourmente, je peux vous en parler ? oui j'aimerai vous en parler ! comme tout ce qui sont dans l'impasse c'est moi qui ai pris le mauvais chemin, j'aurais pu fouir ou me battre mais ça n'aurait rien changé ou j'aurais pu appeler mes amis mais aucun n'était là, c'est quand on va perdre pieds que Dieu nous fait comprendre qu'on est là où il voulait nous amener et qu'on se tourne vers lui.

Mais je n'ai pas à te juger, ni à te critiquer car je ne te connais pas, je ne connais pas ce que tu as pu vivre pour que tu en sois arrivé à ça, parce qu'il y'en a des gens qui sont fermés, qui reflètent plus de dureté, mais ça d'où ? Au lieu qu'elle comme ça, demandes toi comment as-tu souffert ? comment tu t'en es sorti ou pas ? comment on peut partager ? c'est ça la vie, c'est dommage qu'on ne soit pas encore rendu là.

Personnellement la fin a été brutale, mais quand je repense ça faisait longtemps que c'était dur, je ne savais pas comment en parler aux gens, je me disais que peut être si je disais rien je n'aurais pas à admettre que j'avais échoué, que je ne sais pas ! je ne me reconnaissais pas ; ça m'énervais car je n'étais pas quelqu'un pour qui on s'enquêtait, mais quand j'ai compris que l'ennemi le plus dangereux à chasser c'est l'orgueil car il te fait croire que tu as raison, que tu n'as besoin de personne pour avancer, que tu sais tout, que sans toi les autres sont rien ; c'est alors que je compris que personne ne me demande d'être parfaite, ni à devenir ma version 2.0 car on finit tous par s'écrouler un jour ou l'autre. Mais heureusement ceux qui nous entourent sont là, sont les outils que Dieu utilise pour nous relever quand la vie nous met à terre, mon ami il faut que tu essais de compter sur lui car il est celui qui a la qualification incommensurable.

Oui c'est dur de franchir le cap, c'était trop douloureux pour moi d'abandonner mes espoirs et de laisser ma vanité de côté pour laisser le vrai patron diriger les opérations, moi non plus je ne suis pas parfaite, non j'ai mes défauts, j'ai mes défauts mais avec l'aide de mon guide et grâce à ces conseils un jour je trouverai mon chemin à travers la tempête jusqu'au ciel bleu et je verrai enfin la lumière et là quand je regarderai en arrière je verrai le chemin parcouru.

Je me souviens quand j'étais petite ma mère m'a lu l'histoire d'un jeune homme qui avait décidé de quitter la maison de son père pour vivre comme bon lui convenait, ayant tout ramassé, parti pour un pays éloigné, où il dissipa son bien en vivant dans la débauche. Lorsqu'il eut tout dépensé, une grande famine survint dans ce pays, et il commença à se trouver dans le besoin. Il alla se mettre au service d'un des habitants du pays, qui l'envoya dans ses champs garder les pourceaux. Il aurait bien voulu se rassasier des carouges que mangeaient les pourceaux, mais personne ne lui en donnait. Étant rentré en lui-même, il se dit : Combien de mercenaires chez mon père ont du pain en abondance, et moi, ici, je meurs de faim ! Je me lèverai, j'irai vers mon père, et je lui dirai : Mon père, j'ai péché contre le ciel et contre toi, je ne suis plus digne d'être appelé ton fils ; traite-moi comme l'un de tes mercenaires. Et il se leva, et alla vers son père. Comme il était encore loin, son père le vit et fut ému de compassion, il courut se jeter à son cou et le baisa. Le fils lui dit : Mon père, j'ai péché contre le ciel et contre toi, je ne suis plus digne d'être appelé ton fils. Mais le père dit à ses serviteurs : Apportez vite la plus belle robe, et l'en revêtez ; mettez-lui un anneau au doigt, et des souliers aux pieds. Amenez le veau gras, et tuez-le. Mangeons et réjouissons-nous ; car mon fils que voici était mort, et il est revenu à la vie ; il était perdu, et il est retrouvé. Et ils commencèrent à se réjouir. Or, le fils aîné était dans les champs. Lorsqu'il revint et s'approcha de la maison, il entendit la musique et les danses. Il appela un des serviteurs, et lui demanda ce que c'était. Ce serviteur lui dit : Ton frère est de retour, et, parce qu'il l'a retrouvé en bonne santé, ton père a tué le veau gras. Il se mit en colère, et ne voulut pas entrer. Son père sortit, et le pria d'entrer. Mais il répondit à son père : Voici, il y a tant d'années que je te sers, sans avoir jamais transgressé tes ordres, et jamais tu ne m'as donné un chevreau pour que je me réjouisse avec mes amis. Et quand ton fils est arrivé, celui qui a mangé ton bien avec des prostituées, c'est pour lui que tu as tué le veau gras ! Mon enfant, lui dit le père, tu es toujours avec moi, et tout ce que j'ai est à toi ; mais il fallait bien s'égayer et se réjouir, parce que ton frère que voici était mort et qu'il est revenu à la vie, parce qu'il était perdu et qu'il est retrouvé.

Luc 15 :11-32 (LSG)

Je ne suis pas un enfant de riche, mais Dieu a fait de moi ce que je suis ; il m'a béni car il y'a la différence entre la richesse et la bénédiction.

La bénédiction a comme fruit la joie et est obtenue devant son trône.

La vraie joie c'est vraiment en Jésus-Christ tu vas te rendre compte que tu traverses des moments difficiles mais tu es content ce n'est pas que tu es mieux que les autres, c'est juste parce que tu ressens une paix en toi et c'est ce que moi je vis aujourd'hui, c'est pourquoi lors que je regarde des personnes au tour de moi j'ai envie de les tirés de force même parce que je me dis non ! la vérité elle est là.

N'attends pas être parfait, viens à Dieu tel que tu es, beaucoup des gens ne viennent pas à Dieu à cause de la culpabité des voix leurs dissent, tu ne mérites pas, tu es trop sale mais je t'assure que lors que tu vas lui approcher il va te combler.

Je sais que certains d'entre vous sont toujours perdues dans l'ancien homme, Dieu vous appelle, pourquoi ne pas lui répondre, ne laisses pas vos conflits intérieurs vous mettre en guerre contre le seigneur, ne laisses pas vos doutes vous séparer de lui ; non vous devez lui rencontrer, certains d'entre nous font les malins : Dieu sera toujours là, j'irai lui voir demain ! pourquoi attendre demain pour être sauvé ? c'est aujourd'hui qu'il nous appelle alors venez lui répondre et surtout que vous allez perdre la photocopie et non l'originale de votre vie, réponds à son appel les uns dissent leurs dignités bon pour ça il est déjà beaucoup trop tard mais pourquoi rester dans l'ignorance, Dieu t'aime et il demande qu'accueillir, oui il y'a pas des églises parfaites mais Dieu lui est parfait ne laisses pas votre chance de lui connaitre, venez lui répondre ! il est amour, il t'aime encore, hélas ce n'est pas tout histoire d'amour qui finissent par ils vécurent heureux car chacun est le maitre de ses actes et choix.

<u>Résumé</u>

C'est une histoire d'amour accompagnée de sacrifice dont Dieu est l'auteur et ceci envers une personne qui ne méritait pas ces derniers, mais Il l'avait fait cas même en donnant son unique fils pour nous sauver, il faut savoir que ce qu'il y a entre nous et Dieu ça ne pousse pas sur les arbres.

Ce fils est unique en son genre car Il avait le choix de faire autre que la mission donnée par son père une fois sur place, oui Il avait le pouvoir mais Il avait décidé de tout faire selon sa mission.

Ce fils accepta de perdre sa vie ici sur terre non seulement pour nous sauver mais aussi pour nous faire savoir le plan de son père nous concernant, le plan de son père vis-à-vis de nous ; Dieu avait mis la vie de son fils en compensation de notre liberté, pour l'accomplissement de la mission qui était de nous sauver, de nous savoir à notre place en sécurité ; pour ça Dieu devrait non seulement nous **aimer**, mais aussi **sacrifier** son fils pour notre salut à tous car c'était ça la mission et voilà aujourd'hui nous sommes ces héritiers en possession de deux testaments dont l'ancien et le nouveau avec comme notaire le Saint-Esprit.

Ça me renvoi à comprendre que l'amour c'est la vie et le sacrifice c'est la mission ; nous sommes appelés à faire comme ce fils, lui qui avait accepté de perdre ces conforts, l'amour ou la vie de luxe qu'il avait au prêt de son père pour nous sauver ou pour la mission car c'était ça l'objectif, d'où le titre du livre « ***perdre sans se perdre*** ».

C'était le temps au quel j'avais besoin du soutien moral après des tragédies de la vie, mais je n'ai rien trouvé car tout le mieux étaient trop pris, ça m'ramener à comprendre qu'il y'a plus fort que la mor (la présence des absences dans la mémoire de vivant) au fait je me dis qu'ils avaient bien fait d'être occupés à ce moment-là, parce que s'ils auraient été là pour moi, aujourd'hui je me serai redevable envers eux, mais oui les uns ont essayé de me remonter la morale mais c'était pas suffisant, car mes raisons avancées ne servaient qu'à soulager ma conscience, j'étais entrée de prendre les autres pour responsables de mes fautes, j'avais des fausses raisons que je considérais comme bonne, tout le monde ne sait pas, mais hélas comme eux aussi étaient des hommes, ils avaient leurs limites, ils ont fini par se fatiguer.

Mais le fait de perdre m'a donné l'impression d'avoir quelque chose à gagner, m'a motivé et donné une nouvelle compréhension de la vie, car moi je ne savais pas que celui qui t'aime n'est pas obligé de t'aider ni de te tenir compagnie, c'était tard car je les avais déjà tous perdu, donc des potes avec qui j'ai grandi qui m'ont sorti des phrases parce que j'étais différente ; je me suis retrouvée écartée des gens avec qui j'avais gagné la vie, c'est-à-dire les personnes que je pensais me connaitre le plus, m'ont tourné le dos pour de l'oseille, il y'avait la mort qui rodait mais elle avait pas la bonne adresse.

Maintenant je remercie le ciel d'avoir permis cette situation arriver dans ma vie, car cette perte a fait de moi cette grande personne que je suis, c'est la bonne chose qui me soit arrivée, oui c'est dans ce moment précis que j'ai compris que parfois ce n'est pas l'amour qui finisse mais la patience, je pensais que c'était le cas avec Dieu jusqu'à ce que quand je n'avais rien ni personne Il se manifeste et a fait des grandes choses avec moi car Lui là Il est très patient, Il soigne et Il est à l'écoute.

Je ne sais pas grande chose mais de ça je suis sûre.

CHAPITRE 1 :
INTRODUCTION

Aujourd'hui je veux adresser un message particulier à tous les guerriers et les guerrières de la vie.

Parce que j'ai eu près de moi des gens qui ont tentés des choses dans les règles de l'art, j'ai moi-même plusieurs fois dans ma vie tenter les choses dans les règles de l'art.

C'est-à-dire la motivation y était, la foi, tout y était et ça n'a pas marché, je t'assure que ça peut arriver.

Tu es bien aimé de Dieu c'est pour ça que Satan essaie d'atteindre ta foi en te faisant douter de toi-même, il essaie de te faire croire que Dieu ne t'aime plus avec des preuves comme il ne t'aurait pas laissé autant de temps, mais voilà une réponse à toutes ces questions toi Satan tu ne sais pas, mais Dieu lui sait ce qu'il fait et oui tu n'as pas la même horloge que Dieu, tu n'as pas la même vue que Dieu, car il est au contrôle et parce qu'il ordonne et la chose arrive.

Voilà à un certain moment Dieu permet tout sur job, mais l'interdit était son âme car c'était le plus précieux, il se sépara du fils temporairement afin de se retrouver éternellement ; chose que Satan ignorait car il pensait que la fidélité de Job venait des matériels, il pensait que Job voyait seulement le présent.

Bénissez Dieu pour la persécution, bénissez Dieu pour les rejets et bénissez Dieu pour l'abandon, de fois tu regardes ton téléphone tu te demandes qui appeler tu cherches qui appeler tu ne trouves pas, bénis Dieu c'est pour que Dieu devienne-ton ami le seul sur qui compter, pour qu'il devient ta priorité, pour qu'il puisse prendre sa place, pour que sa gloire ne soit pas partagée et pour qu'il devienne tout.

Oui s'entourer des bonnes personnes c'est ouvrir des portes que nous ne croyons pas franchissables, mais est-ce la volonté de Dieu ? Est-ce-que nous ne partagions pas la gloire de Dieu ?

Je suis frustrée de fois, mais Dieu reste au contrôle. Ce pour ça que moi je ne vais pas faire la part de Dieu, maintenant je parle à quelqu'un qui a vécu une situation de folie, toi tu ne dois pas faire la part de Dieu, tu peux faire ta part à toi ; et la part à toi elle se trouve là, dans ton cœur, elle est de dire : « je ne laisserai pas le malheur pourrir mon intérieur. »

Des fois ça arrive même que tu saches que ça va marcher que tu fasses tout pour que ça marche mais d'autres choses que tu croyais acquises s'effondrent, des imprévus de la vie arrivent en angle mort et boom.

Des choses catastrophiques et là tu te poses la question pourquoi moi ?

Pourquoi c'est aussi dur ? pourquoi moi, pourquoi ça arrive qu'à moi ?

Si tu es de ceux qui se posent ces questions, laisses moi te raconter l'histoire d'un homme dans la bible appelé Joseph était trop aimé par son père mais il fut séparé de son père et vendu par ses frères au Ismaélites puis revendu chez Potiphar, Joseph trouva grâce aux yeux de son maître, qui l'employa à son service, l'établit sur sa maison, et lui confia tout ce qu'il possédait.

Un jour qu'il était entré dans la maison pour faire son ouvrage, et qu'il n'y avait là aucun des gens de la maison, il arriva que la femme de son maître portât les yeux sur Joseph, et dit : Couche avec moi !

Lorsqu'elle vit qu'il lui avait laissé son vêtement dans la main, et qu'il s'était enfui dehors.

Et elle posa le vêtement de Joseph à côté d'elle, jusqu'à ce que son maître rentrât à la maison.

Cet homme est venu vers moi pour coucher avec moi ; mais j'ai crié à haute voix.

Après avoir entendu les paroles de sa femme, le maître de Joseph fut enflammé de colère. Il prit Joseph, et le mit dans la prison, dans le lieu où les prisonniers du roi étaient enfermés : il fut là, en prison.

L'Éternel fut avec Joseph, et il étendit sur lui sa bonté. Il le mit en faveur aux yeux du chef de la prison. Et le chef de la prison plaça sous sa surveillance tous les prisonniers qui étaient dans la prison ; et rien ne s'y faisait que par lui.

Le chef de la prison ne prenait aucune connaissance de ce que Joseph avait en main, parce que l'Éternel était avec lui. Et l'Éternel donnait de la réussite à ce qu'il faisait.

Il fut interprète des songes là dans la prison jusqu'à un jour pharaon faisant appel à lui pour l'interprétation d'un songe suite à ça joseph et sa famille furent témoins de la réalisation des promesses que Dieu lui avait faites en lui établissant premier ministre du pays d'Egypte. C'était important que je te raconte cette histoire parce qu'on voit les héros mais on ne voit pas les coulisses de la réussite, il faut que tu acceptes les coulisses de ta réussite peu importe les difficultés, peu importe ce qui se passe, peu importe ce que tu te dis, saches que tant tu respires ton but t'attend.

Quand on me demande si ça vaut le coup de se lancer dans l'entreprenariat je réponds si vous en ressentez le besoin, allez-y ; prenez votre courage à deux mains et foncez vivre au moins une fois dans la vie ! sinon vous risquez de regretter toute votre vie. Et si ça ne marche pas, ça restera une expérience enrichissante et intéressante quoi qu'il arrive tant que cela vous pousse dans vos retranchements.

Je suis une réaliste faiseur car moi j'ai choisi de produire.

C'est une véritable mode de vie qui vous sort de votre zone de confort en permanence. Cela ne convienne pas à plusieurs, mais vous allez tellement apprendre sur vous-même et ça peut vraiment donner à votre vie une nouvelle dimension, car la crainte d'avoir mal est encore plus pure que la douleur en elle-même.

Matthieu 5 :30 (LSG)

Et si ta main droite est pour toi une occasion de chuter, coupe-là et jette-la loin de toi ; car il est avantageux pour toi qu'un seul de tes membres périsse, et que ton corps entier n'aille pas dans la géhenne.

Il y'a des choses que tu voulais faire, mais tu ne les as pas faites, il y'a des erreurs que tu as commises mais que tu ne voulais pas, alors voilà aujourd'hui Jésus te dit « fortifie toi et prend courage qu'ils proviennent de l'intérieur ces deux choses ».

Vous savez la vulnérabilité c'est être courageux, oser montrer tes faiblesses, oser partager tes échecs et oser partager tes luttes c'est une forme de force en réalité, beaucoup n'osent pas être vulnérables mais dans le concret quand tu t'autorises à être vénérable sans signe de force et de faiblesse ça te permet de grandir, ça te permet de tisser des liens en forts avec les gens qui t'entourent, ça permet de montrer que tu es quelqu'un d'authentique et donc pour qu'une chose devienne unique, il suffit simplement d'y croire.

Je veux te dire quelque chose que je veux que tu gardes dans ta tête, dans ton cœur les plus longtemps possible et que tu te répètes plus souvent possible ; les épreuves que tu trouves sur ton parcours sont adaptés à ton potentiel, les petits potentiels ont des petites épreuves et les gros potentiels ont de grosses épreuves. On peut dans nos vies prendre des feuilles noter les dates ; les moments drôles, les moments les plus difficiles de nos vies et faire une liste comme je viens de le faire pour JOSEPH, mais sincèrement, je pense que l'inversion peut aider à avancer dans les coulisses de la réussite pour avancer dans toutes ces épreuves, il faut seulement se focaliser sur ce qu'il y'a de bon, de positif et de ce qui nous donne envie d'avancer. Qui a essayé un projet pour Dieu et ça n'a pas marché ? J'aimerais te dire que ce n'est pas le problème, que ce n'est pas le bon rêve, ou que ce n'est pas ton appel parce que le problème est qu'il y'a longtemps en arrière tu as essayé par tes propres forces et donc tu as besoin de comprendre que tu es la bonne personne. C'est l'appel de Dieu sur ta vie mais ce n'est pas par tes propres forces, ni par ta puissance, mais par son

Esprit, ce n'est pas un truc que tu choisis, mais ça te tombe dessus !

Dieu est capable de te faire oublier, la souffrance de dix ans en un mois car sachez que tout ce qu'on gagne facilement, on le perd facilement et que tout ce qu'on gagne difficilement on le perd difficilement ; Donc laisses Dieu te bénir selon son temps et ces choix. Quand j'étais petite je voulais être avocate, oui avocate principalement pour deux raisons : j'aime défendre les autres et c'était la mode à l'époque, soit tu fais la médecine, soit tu fais le droit ou l'économie. Mais au fil des années j'ai vite compris MON APPEL ; je l'ai suivi et je défends les autres par mon service « le seigneur Dieu me remplit de son esprit car il m'a consacré et m'a donné pour mission d'apporter aux pauvres une bonne nouvelle, et de prendre soin des désespérés, de déclarer aux déportés qu'ils seront libres désormais et de dire aux prisonniers que leurs chaines vont tomber , d'annoncer l'année où le seigneur montrera sa faveur à son peuple ; le jour où notre Dieu prendra sa revenge sur ses ennemis, d'apporter un réconfort à ceux qui sont en deuil. »

CHAPITRE 2 :
ET SI VOUS LAISSEZ DIEU S'ENGAGER ?

Est-ce-que vous savez que dans le temps prévu par Dieu, il y'a le temps où tu resteras toi-même donc même si tu planifies comment ne pas perdre les gens, il y'a un temps ils ne finiront pas partir.

Je peux me rappeler en janvier 2024, je venais de perdre ma marraine, bizarrement j'étais fâchée contre Dieu et je me disais : j'ai fait des retraites, j'ai escaladé des montagnes et j'ai donné des offrandes pourquoi ma marraine est partie, je ne sais pas si ça vous est déjà arrivée, vous avez tellement prié et pendant la prière Dieu vous rassure que cette dernière n'ait pas ratée, mais bizarrement Dieu avait décidé autrement, mais au fond de moi j'étais mal, ça arrive !

Ça arrive que quelque chose que tu demandes, mais tu ne reçois pas, quelque chose que tu veux tellement. Cela que Dieu me répond « ma fille tu sais quoi ; ta marraine elle ; elle a fini sa mission ».

Alors je suis là dans mes pensées je commence à Dieu, bon des toutes les façons je savais que te faire confiance c'est un risque parce que à partir du moment où j'engage ma foi je suis obligée de la proclamer en public, car ma foi ne peut pas rester en privée. Mais après Dieu m'a dit mets-toi de côté, laisses moi prendre le volant car moi je sais où je te conduis.

C'est comme ça que je disais il arrive un moment dans la vie comme ça où on doit se mettre de côté. C'est l'appel de Dieu sur ta vie mais ce n'est pas par tes propres forces, ni par ta puissance, mais par son Esprit !

Vous savez, parfois tenir fait plus mal que de lâcher prise, car lâcher prise est souvent une décision difficile, quand nous nous accrochons malgré la souffrance ; c'est parce que nous pensons que notre vie n'aura plus de sens sans autre alors nous nous acharnons de peur de tout perdre, mais vient le moment où on a trop donné et l'aversion à la perte nous rendu obsédé, ce besoin d'être aimé à tout prix, nous a dominé on y'a laissé notre valeur jusqu'à se perdre soi-même et nous devenons dépendant affectif. Comment je les aimais,

Quand je les ai regardé changer,

Quand j'ai réalisé qu'ils s'éloignaient de moi,

Quand ils m'ont quitté,

Quand j'ai tout fait pour qu'ils restent ;

Quand ils m'ont abandonné et laissé tomber, quand je compris que personne ne m'a laissé tomber. J'ai échoué moi-même en passant que tout le monde devrait être là pour moi comme j'étais là pour eux.

Comment je pleure tous les soirs en repensant à nos souvenirs.

Parfois tenir fait plus mal que lâcher prise, on recommence les mêmes comportements tant que la leçon n'est pas apprise.

Je peux les laisser partir, car je me dis c'est un moment de ma vie dont je ne dois plus continuer à m'affliger des questions comme : qui s'est éloigné, qui m'a abandonné ou qui m'a quitté mais je dois me lever et reconnaitre que Dieu n'a pas besoin de ce que j'avais perdu pour me bénir, Dieu utilisera toujours ce qui reste.

Quand j'ai compris que rien ne sera plus comme avant et qu'il était temps d'aller de l'avant et que je me suis posée la question si je laisse Dieu s'engager ? Et la réponse à ça était : je ne risque rien de toute les façons je n'avais rien à perdre et qu'un problème ça n'a pas toujours des solutions il faut parfois savoir renoncer.

J'ai passé la plupart de mon temps en train de réfléchir et de tourner la tête mais je n'ai pas eu le temps de lire la parole de me connecter à Dieu pour recevoir les genres des choses dont j'avais besoin.

Cela que je me suis jurée de ne plus prendre le contrôle de ma vie et j'ai laissé Dieu pendre le dessus et s'engager dans cette dernière car seul conduit vers une bonne personne au bon endroit et au bon moment.

1 Pierre 5 :7 (LSG)

Et déchargez-vous sur Lui de tous vos soucis, car Lui-même prend soin de vous.

Beaucoup d'entre nous vivons en portant de la douleur, de la frustration et des blessures et nous sommes aidés par des personnes qui sont également blessées et Dieu dit : « j'aimerais t'envoyer des bénédictions » car je suis un Dieu de grâce et lorsqu'il envoie des bénédictions vers toi tu ne peux même pas les attraper car tu tiens toujours aux personnes et aux choses qui t'ont brisé.

C'est pourquoi quand Dieu envoie des bénédictions dans ta direction tu ne peux pas l'attraper, mais si tu relâches ce qu'il y'a dans tes mains ; alors Dieu pourra relâcher ce qu'il y'a dans ses mains.

Et il ne vous donnera pas seulement ce qui a été pris mais le double de ce qui a été pris, si vous faites les choses à sa manière.

J'ai passé des années en train de prendre mes ennemies comme coupables. J'essayais de faire payer mon entourage pour ce que le monde m'a fait ou disons le diable.

La vie parfois n'est pas facile, mais nous avons un moteur appelé cœur, une assurance appelée foi, et un conducteur appelé Dieu, donc quand tu penses avoir échoué alors Dieu a juste un plan diffèrent de tient, puisqu'il est le conducteur de la voiture qui est ta vie.

2 Corinthiens 8 :9 (LSG)

Car vous connaissez la grâce de notre Seigneur Jésus Christ, qui pour vous s'est fait pauvre, de riche qu'il était, afin que par sa pauvreté vous fussiez enrichis. Les miracles, les voitures ne ramènent pas au ciel tout cela passera mais il y'a une chose qui ne passera jamais la parole de Dieu ; Jésus est le seul chemin la vie et la vérité, ta proximité avec Jésus t'éloignera du péché que l'on ne vous mente plus.

Il faut faire la distension entre plaire et bénéfice, quand tu fais ce qui doit être fait en réalité tu te donnes de l'amour.

La discipline est la plus belle preuve d'amour envers soi-même, être discipliné c'est dire non au bénéfice court terme pour dire oui au bénéfice long terme, être discipliné c'est aussi faire ce qui est bon pour soi, plus tôt que ce que tu as envie de faire. Dans 2 Timothée 2 :22

L'apôtre Paul dit que la sainteté est votre assurance, la sainteté vous bloque d'une attaque frontale de l'ennemie, la sainteté tien l'ennemie en distance quand il vient chercher des personnes dans les quelles siéger.

Oui la vie est faite de hauts et de bas, je sais que quand on se retrouve dans les moments difficiles, c'est très compliqué de voir le positif et d'en tirer des bonnes conclusions.

Mais, il faut garder espoir car les choses ne restent jamais figées, elles finiront coûte que coûte par s'améliorer ou pas, car lui seulement sait la fin. Les difficultés sont une source d'apprentissage, c'est dans la difficulté que nous apprenons le mieux. C'est dans la difficulté que nous avons les meilleures leçons et que nous pouvons évoluer.

Ma dépression m'a changée, de fois tu as besoin d'être secouée pour te relever. Dieu m'a déjà sorti des plusieurs situations difficiles dans la vie.

Le diable est ami de la colère et Dieu est ami de la sagesse, fais bien ton choix, regardes à le croix l'homme qui dit pour une fois dans sa vie quelque chose d'intelligent (seigneur souviens-toi de moi) c'est une assurance pour lui de partir de la vie de mort à la vie éternel la réponse de Jésus était « aujourd'hui tu seras avec moi au paradis ».

Oui le chemin était long, merci à ma mère, merci à mon père et merci à mes sœurs et frères. Merci à tout ce qui m'ont soutenu jusqu'à présent et si toi aussi tu as rêve prends courage et si toi aussi tu ne croyais pas que tu y arriveras rends gloire à Dieu.

Il est entre de nous dire dans Jean 3 :19 (LSG)

Et ce jugement c'est que, la lumière étant venue dans le monde, les hommes ont préféré les ténèbres à la lumière, parce que leurs œuvres étaient mauvaises.

Aujourd'hui après analyse, je ne trouve même pas une seule raison qui pourra me pousser à quitter ce Jésus ; car lors que je prie, il m'exauce, lors que je demande, il me donne et maintenant j'ai en moi des témoignages. Mais oui qui peut maudire ce que Dieu a béni, tu es béni et tu le resteras, ça prit un temps avant de comprendre qu'une personne qui a une grande destinée n'a jamais eu une vie facile ; je peux seulement te dire aujourd'hui qu'un jour tu auras ce que tu mérites Dieu ne ment jamais. Romains 12 :21 (LSG)

Ne te laisse pas vaincre par le mal, mais surmonte le mal par le bien.

Vous pouvez passer des longs moments en train de faire le faux ça ne se transformera jamais en vrai parce que vous avez des bonnes intentions jamais.

Mais le secret spirituel le plus important est le plus puissant de la bible est si des mauvaises choses vous ont été faites, vous ne pourrez jamais les vaincre ou les surmonter en rendant à quelqu'un d'autre ce que vous avez reçu.

Lorsque vous êtes en colère contre quelqu'un et vous ne pouvez pas vous venger vous vous en prenez aux gens que vous aimez. Ce n'est pas de leurs fautes, moi je le traitais comme si c'était de leurs fautes par ce que je voulais que quelqu'un paye, mais j'ai découvert dans la bible que quand il était demandé à l'homme de pardonner à quelqu'un une petite dette qu'il ne pouvait pas payer, le gars ne pouvait pas lui rembourser, pas par volonté mais par incapacité.

Dieu seul peut vous rembourser pour ce qui vous a été fait.

As-tu la fois ? Es-tu sincère ? c'est tout ce qu'il faut car le pardon est une puissance qui libère de tout maux, tante une fois de plus il va te pardonner.

Ditez-vous j'étais tombée déjà, mais cette fois-ci il ne faut plus et suite à ça tout changera à votre faveur ; C'est pour ça quand vous parlez à Dieu de votre situation le but de cette dernière n'est pas d'informer Dieu, mais de vous former quand vous parlez à Dieu de votre situation, ce n'est pas à ce moment-là qu'il le découvre il le sait et il savait que vous seriez dans ce dilemme avant même que vous n'existiez, la prière ne consiste pas vraiment à obtenir des réponses mais à délivrer une situation mais dites-vous qu'il ne va pas vous délivrer de la situation seulement mais à travers et dans cette situation il va t'amener à surmonter car dans la plupart des cas les problèmes qui se présentent ne disent pas « résous-moi » mais « dépasse-moi » ; il s'agit pas toujours d'intervention mais plutôt d'une invitation voir les choses différemment pour donner une nouvelle approche, une nouvelle forme de connaissance.

Genèse 28 :15 dit : « voici, je suis avec toi ; je te ramènerai dans ce pays ; car je ne t'abandonnerai point, sans que je n'aie exécuté ce que je te dis. » Alors le conseil du jour : fait lui confiance ! Si Dieu avait tout expliqué selon vos souhaits vous ne seriez toujours pas satisfait parce que nous avons en nous le besoin d'en savoir plus, mais il y'a une chose que je sais, il était là au début au milieu et il sera là jusqu'à la fin, parce que ma relation avec Dieu et votre relation avec Dieu est fondée sur la promesse unique qu'il nous a faite : c'est qu'il ne nous laissera pas et ne nous abandonnera jamais, donc n'aie pas peur des tempêtes que tu traverses !

Car elles font partie de marche, affrontes-les en regardant à celui qui est avec toi. Si Jésus te dit

« Passons de l'autre bord » sois en paix et pars avec confiance.

Ce n'est pas parce que le Seigneur Jésus semble silencieux qu'il ne se soucie pas de toi.

Dans Marc 4 :38 (LSG)

Et lui, il dormait à la poupe sur le coussin. Les disciples le réveillèrent et lui dirent : Maître, ne t'inquiètes-tu pas de ce que nous périssons ?

Si tu es en train de traverser une tempête actuellement, comme les disciples, tu te demandes surement si le seigneur ne s'inquiète pas pour ta vie.

C'est compréhensible ce que tu ressens, puisque ce jour-là les disciples l'ont aussi ressenti (la peur, l'angoisse, l'incertitude.)

Vois-tu, les tempêtes ont cette capacité de nous désorienter, surtout lorsqu'elles menacent notre vie, notre confort et notre normalité.

Comme les disciples tu te demandes peut-être : ou est Jésus ? que fait-il ? pourquoi n'agit-il pas ? pourquoi va-t-il permettre que je traverse cette tempête ? Mon ami(e), le seigneur comprends tes questions et il comprend ce que tu ressens, mais ne laisses pas cette tempête te faire douter de son amour pour toi, rappelles-toi toujours que ta vie est entre ses mains, s'il n'a pas abandonné les apôtres, ce qu'il ne t'abandonnera pas non plus dans cette tempête. C'est lui qui dit en Ésaïe 43 :2 (LSG) : si tu traverses les eaux, je serai avec toi ; Et les fleuves, ils ne te submergeront point ; Si tu marches dans le feu, tu ne te brûleras pas, Et la flamme ne t'embrasera pas.

Notre vie est un chantier et le seigneur l'édifie brique après brique, soyons patients et gardons une bonne attitude pendant qu'il met de l'ordre, comme dans le livre de Psaumes 23 :1-2 « l'éternel est mon berger : je ne manquerai de rien. Il me fait reposer dans de verts pâturages, il me dirige près des eau paisibles ».

Ces promesses sont justes et sa parole reste fidèle sans oublier que ce qu'il dit il l'accomplit malgré les choix et les circonstances, pour dire que de fois Les promesses de Dieu peuvent dépendre ou pas des personnes avec qui tu es connecté, bien sûr il y'a des choses que Dieu fera sans secours de quelqu'un donc il a promis avec toi et il le fera avec toi, mais il y'a des choses pour qu'ils soient réalisées Dieu regarde avec qui tu es connecté, donc il y'a des gens qui ont une partie de l'accomplissement du promesse, il est vrai qu'une bonne connexion peut te mettre sur le bon chemin soit prudent avant de chasser une personne dans ta vie, rassures-toi qu'il n'apporte pas une partie de tes promesses.

Mon ami je t'assure il arrivera un jour où tu comprendras pourquoi Dieu a choisi de te faire emprunter un tel chemin.

Aujourd'hui tu ne comprends peut-être pas tout mais un jour tu diras comme moi : « merci Seigneur de m'avoir enlevée de cette entreprise, de cette relation, de ce projet, merci de m'avoir fait passer par ce chemin car mon témoignage est aujourd'hui une source d'encouragement et d'inspiration pour plusieurs, Le temps est arrivé où tu te relèves et renverser les forteresses. »

N'oublions jamais que nos destinées sont uniques. Dieu n'a pas donc la même feuille de route pour tous. Il connait mieux que nous le meilleur itinéraire pour arriver à la destination finale.

Jean 5 :7 (LSG)

Le malade lui répondit : Seigneur, je n'ai personne pour me jeter dans la piscine quand l'eau est agitée, et, pendant que j'y vais, un autre descend avant moi. Concernant cet homme la faisabilité de Dieu était différée de ces attentes, mais il fallait que cet homme ayant la foi en Dieu quand il a dit "prends ton lit et marches " parfois l'univers t'offre un cadeau et tout ce que tu as à faire c'est accepté.

Hébreux 10 :38 dit ; Et mon juste vivra par la foi ; mais s'il se retire, mon âme ne prend pas plaisir en lui. Mes chers amis gardent la foi, donnez la foi qu'on vous aime ou pas, que vous soyez rassasié ou pas, sans une vue de miracle ou pas.

Ecoutez mes frères quand des situations deviennent difficiles Dieu ne change pas des langages il ne parle ni vite, ni moins vite, il n'est même pas paniqué ; quand il t'a dit il y'a10 ans il t'a dit je le ferai, quand il t'a dit il y'a 5 ans il t'a dit je le ferai, 4 ans je le ferai, quand tu viens 2 heures avant il te dit toujours je le ferai, quand tu vois 15 ans passés il va te dire je le ferai toujours, il va toujours parler avec la même assurance. Peut-être tu ne vois pas la lumière au bout du tunnel mais tu peux être une lumière dans le tunnel afin de donner un cens à ce bruit, moi j'ai un arbre planté dans mon cœur mais j'attends qu'il donne ces fruits. Je ne peux pas te promettre une fin aujourd'hui à tes problèmes, à ton désert mais je suis sûr que dans ta fournaise ardente, dans ta fausse tu peux être le sel de la Terre et la lumière du monde et que là où tu es tu peux briller et être un ambassadeur du royaume de Dieu, tu peux refléter qui est Jésus dans ton épreuve et tes difficultés.

Quelque fois Dieu nous met en garde avant d'agir, il nous prévient avant que les choses ne soient et il nous supplie parfois voire même il nous demande car il n'est pas un père dictateur.

Josué 1 :5 (LSG)

Nul ne tiendra devant toi, tant que tu vivras. Je serai avec toi, comme j'ai été avec Moïse ; je ne te délaisserai point, je ne t'abandonnerai point.

Si nous oublions ce que nous nous sommes dit entre nous, Dieu n'oublie jamais.

Quesque Dieu veut mettre dans nos têtes quand il nous dit ne t'ai-je pas demandé ? ne t'ai-je pas dit ?

Dieu sait que la personne de confiance ça ne court pas la rue.

« Vous devez avoir une passion pour la victoire » souligne l'importance de cultiver une passion profonde et un engagement total envers le succès.

Cela suggère que pour atteindre la victoire, il est nécessaire d'avoir un désir ardent, une motivation intrinsèque et une détermination inébranlable. Cette expression met en avant l'idée que la passion pour réussir, peut-être un moteur puissant inspirant des actions persistantes et efforts soutenus.

En résumé, elle encourage à trouver une véritable passion pour les objectifs que l'on souhaite atteindre afin d'augmenter les chances de victoire.

Voilà une prière que j'aimerais que tu fasses avec moi : Seigneur j'ai longtemps pleuré, Seigneur j'ai longtemps cherché, Seigneur je me suis battue longtemps avec ma propre force ; avec mes propres efforts mais sans succès, cette fois-ci je t'engage dans mes combats, cette fois-ci je t'engage dans mes problèmes, cette fois-ci je t'engage dans ma famille, Seigneur tu as dit garder silence moi l'Eternel je combattrai pour vous, Seigneur je me tais je garde silence et j'attends voir ta victoire que toi tu m'accorderas.

CHAPITRE 3 :

UN SENS PAR IMPLICATION

Si tu regardes très attentivement, tu te rendras compte que les personnes les plus admirables, ouverts, courageuses sont celles qui ont les plus souffert.

Au début, quand la souffrance vient dans ta vie tu trouves ça terriblement injuste, tu dis non, je ne veux pas de ça.

Mais une fois tu acceptes cette souffrance comme la réalité de ta vie tu y trouves un sens et une fois tu y trouves un sens, cette souffrance se révèle à toi-même.

Souvent ce que je dis ce que la plupart des gens ne veulent pas se briser, mais ceux qui acceptent d'être brisés par la vie, ils réalisent qu'à l'intérieur d'eux il avait de l'or ; donc peu importe ce qui t'arrive tiens bon tu verras que quand tu vas sortir de ce chapitre de ta vie tu seras une tout autre personne.

Et même si ce n'est pas ce que tu souhaites ou ce que tu veux, tu vas susciter l'admiration et le respect des autres parce que tu serras passé par ceux par quoi tu es passé

Il y'a des choses qu'on ne doit pas vivre seule, ce que j'ai commencé avec vous je ne me rende pas compte que les chances arrivaient, peut-être pour certains ça sera peu, mais pour moi c'est beaucoup.

Du coup j'ai une bonne nouvelle à vous annoncer ; toutes les personnes qui me lisent aujourd'hui vous êtes importantes et je ne le montre pas peut-être parce que je ne suis pas si expressif quand il s'agit de mes sentiments ; mais je vous aime et vous êtes précieux.

Un jour j'ai eu à répondre à une question qui m'était posée : (c'est quoi le secret de ton succès ?) ; les armes aux yeux, je répondis c'était mon père qui m'avait ouvert ses voies, mais c'est après sa mort que j'ai su qu'il était mort pour me sauver, qu'il a accepté de laisser son trône pour moi, qu'il m'a laissé croire qu'il était pauvre financièrement pour me préparer à bien faire la gestion de ses finances après sa mort, car il avait les plus précieux de tous : il était fabuleusement riche en esprit et il est encore là pour ceux qui veulent lui prendre comme père, il était fabuleusement en intelligence, en intégrité, et en honnêteté et plus encore dans les positifs ; vous remarquerez que je lui parle dans le passé, le présent et le futur c'est parce qu'il est le seul homme sur Terre qui est mort et ressuscité et il vivra jusqu'à la fin de tout, son nom c'est Jésus-Christ.

A quelque jour de sa mort j'ai l'ai trahi en lui vendant et pendant sa persécution j'ai dit qu'Il n'était pas mon père car il était plus laid que l'habitude et j'ai lui ai même insulté pour son style de vie désintéressé.

Comme Jésus-Christ il faut savoir se construire un nom, la récompense ne peut pas suivre rapidement mais elle viendra ; l'intégrité, la discipline, la crainte de Dieu et honnêteté redent riche, nous laissent dormir en paix, nous devons laisser un bon héritage à nos enfants, à la prochaine génération.

Construisez-vous un bon nom pour vos enfants, ou un bon compte bancaire ? l'argent finit, la voiture se démonte, la renommée disparait, mais un bon nom reste pour toujours.

Psaumes 37 : 25 j'ai été jeune, j'ai vieilli ; et je n'ai pas vu le juste abandonné, ni sa prospérité mendiant son pain.

L'intégrité est un habit qui vêtu son processeur d'un pouvoir irrésistible, d'un pouvoir qui rend fort face à toutes les advectés. Une personne peut être dépourvue de beauté physique ou intellectuelle mais si elle est honnête elle oblige le respect ; des telles personnes ont su rester en communion avec Dieu, et donc elles ont pour model christ rédempteur. Avez-vous mauvaise réputation ? Proverbes 22 :1

La réputation est préférable à de grandes richesses, et la grâce vaut mieux que l'argent.

Et moi je dirai que la sagesse vaut mieux que l'héritage. Dieu désire vous transformer, venez à lui tel que vous êtes et bâtissez un nom, soyez bénie.

Ce qui sort de ta bouche est ce qui sera ta réalité, c'est la loi de l'attraction ; est-ce-que tu sais que c'est la goutte d'eau de plus qui fait déborder la vase. Si tu dis que tous les hommes sont des chiens : tu les rencontreras tous,

Je n'ai jamais personne : tu n'en auras pas,

Je veux me mettre en forme cette année : énorme possibilité,

Je ne serai jamais riche : je te promets tu ne le seras jamais,

Je serai riche un jour : énorme possibilité.

C'est ainsi que ça fonctionne, c'est la loi de l'attraction. Dès que tu le dis, tu commences le changement, c'est le processus si tu réfléchis grand tu deviens grand.

Si tu réfléchis petit, tu deviens petit.

Dans la vie nous sommes amenés à prendre des décisions, chaque jour qui passe nous devons poser des actes, mais la question que nous devons nous poser, est-ce-que ça nous amène à être ou à ressembler.

Est-ce-que nous ne mentons pas que nous sommes dans la prudence en thésaurisant nos les ressources que

Dieu a mises à notre disposition comme ce troisième serviteur dans Luc 19 :17 -21(LSG)

Il lui dit le premier : C'est bien, bon serviteur ; parce que tu as été fidèle en peu de chose, reçois le gouvernement de dix villes. Le second vint, et dit : Seigneur, ta mine a produit cinq mines. Il lui dit : Toi aussi, sois établi sur cinq villes. Un autre vint, et dit : Seigneur, voici ta mine, que j'ai gardée dans un linge ; car j'avais peur de toi, parce que tu es un homme sévère ; tu prends ce que tu n'as pas déposé, et tu moissonnes ce que tu n'as pas semé.

Mhu, ce serviteur se croyait plus prudent, mais en réalité il était imprudent et faible, il ne voulait pas utiliser ses talents pour une bonne cause qui était de produire avec ce qu'il avait en possession et c'est ce qui tue la vie de beaucoup d'entre nous, car ils ne veulent plus s'impliquer pour trouver en suite un sens. Il est temps que tu prennes des décisions et que tu poses des actes qui vont t'aider à être et non à ressembler à un enfant de Dieu, un vrai chrétien (christ est en lui) ce n'est pas facile mais bas-toi, ainsi la vie ne t'enseigne pas à être fort, elle t'oblige à le devenir. Ne laissez pas le temps vous échapper, utilisez-le comme une ressource précieuse pour poursuivre vos rêves et atteindre vos buts dans la persévérance et la détermination car sont vos aillées dans cette quête.

La bible nous enseigne que :

L'Éternel a tout fait pour un but, Même le méchant pour le jour du malheur. Proverbes 16 :4 (LSG)

Même si tu ne comprends pas encore pourquoi tu es tel que tu es, pourquoi notre Dieu t'a créé de cette manière-là, ne te compares pas aux autres et ne compares pas ta vie au leur, car de fois ils font des choses pour leur gloire.

Nous avons tous été créées pour un but précis ; nos dons, nos talents, nos expériences et même nos défis sont donc alignés à ce que nous devons devenir et manifester.

Tout ce que Dieu nous laisse vivre est là pour nous aiguiser et faire de nous ce que nous devons devenir, gardes toujours dans ton cœur que tout ce que Dieu fait est bon…Même si tu ne le comprends pas toujours, surtout à l'instant, mais crois seulement.

Est-ce qu'un lion et un oiseau sont comparables ? NON !

Ils ne sont pas destinés à vivre dans le même environnement ni à vivre la même vie !

Apprends simplement qui tu es vraiment, favorises tes forces et entre pleinement dans ta destinée ! Et si c'est ton plus grand désir et que tu veux que ta vie avance enfin dans la bonne direction, fait intervenir Dieu, oui il est la vraie assurance car lui il peut te faire savoir ta vraie place et même si les défis se présentent, chaque petit pas que tu fais vers tes objectifs avec Dieu compte, car chaque jour est une nouvelle opportunité de progresser.

Moi j'ai toujours l'habitude de faire savoir à Dieu ce que mon cœur désire en premier, car lui seul a le droit de savoir ce que je veux, car chez Lui quel que soit le cadeau que tu rêves il te le donne à son temps donc sans retard ni avance, il est impliqué dans tout ce que je fais en premier. Oui moi je m'attache de ce que je crois : ce n'est pas parce qu'il n'est pas là physiquement qu'il ne pense pas à toi ayons confiance seulement.

N'oubliez pas que vous avez en vous la force nécessaire pour accomplir ce que vous désirez, alors profites bien de chaque instant de ta vie pour t'élever encore plus haut et réaliser vos aspirations. Je sais que ça peut être dur de perdre des gens, de faire face à l'échec encore et encore ; mais concentres-toi sur ce que tu es entre d'essayer d'accomplir et accompli-le et je peux te garantir que comme tu es passé par là tu as changé le sens et le gout de la réussite alors traverse ces preuves elles sont adaptées à toi, elles sont là pour te faire grandir.

Toutes mes pensées me disent que cette personne qui lit ce livre n'est pas loin du succès, si tu crois dis amen ! tout est possible à celui qui croit.

Aujourd'hui par manque de confiance en Dieu dans nos moments difficiles beaucoup entre nous se posent des questions comme : où est le Dieu de nos pères, où est le Dieu qui fait marcher les paralytiques ? où est le Dieu qui ouvre les yeux des aveugles ? où est le Dieu qui change des vies ? où est le Dieu qui change les destinées ? où est le Dieu du relèvement ? où est le Dieu là ? il est où ?

Voilà la réponse la plus simple que j'ai à ces questions, il est là impliqué à cent pour cent dans ta vie et il vient te fortifier, tu vas traverser là où tu es, le plus nécessaire regardes Jésus car c'est Lui le commencement de toutes choses ; seul en Lui nous pouvons y mettre notre foi.

Toi regardes Dieu pas un homme car entourage nous empêche d'avancer, il brise le cœur, il te parle après ton départ, toi regardes Jésus, il peut te faire arriver à destination si tu lui laisses s'impliquer dans tout et non seulement dans ce qui te semblent difficile, mais laisses lui s'impliquer aussi dans ce qui te semble facile.

Ce qu'il ne faut pas oublier est que tout ce que tu traverses ne vient pas toujours d'une malédiction ou d'une réclamation, il s'agit de fois d'une coupe que tu dois boire et dans ce moment Jésus-Christ intervient comme un samaritain.

Mon samaritain à moi c'est Jésus, lorsque j'ai été abandonnée et rejetée par les hommes, il m'a accueilli dans ses bras.

Luc 10 :34-37 (LSG)

Il s'approcha, et banda ses plaies, en y versant de l'huile et du vin ; puis il le mit sur sa propre monture, le conduisit à une hôtellerie, et prit soin de lui. Le lendemain, il tira deux deniers, les donna à l'hôte, et dit : Aie soin de lui, et ce que tu dépenseras de plus, je te le rendrai à mon retour. Lequel de ces trois te semble avoir été le prochain de celui qui était tombé au milieu des brigands ? C'est celui qui a exercé la miséricorde envers lui, répondit le docteur de la loi. Et Jésus lui dit : Va, et toi, fais de même.

Vous savez quoi ! à force de vouloir tout contrôler sans l'implication de Christ dans ça nous nous retrouvons écartés de la volonté de Dieu, car chercher Dieu en dehors de Jésus-Christ c'est le diable parce que la sorcellerie est l'ouvre charnelle.

Il avait déjà deux hommes qui étaient déjà passés mais parce qu'ils avaient peur et voulaient se protéger en restant loin des affaires autres pour éviter de répondre aux questions si la situation dégénérée des ils avaient laissé cet homme entré d'agonisé et dépouillé, le troisième homme lui avait pris la décision et des risques et avait fait le nécessaire pour cet homme qui ne connaissait pas.

Peut-être toi aussi tu vis dans la peur depuis longtemps et tu penses que c'est la prudence car selon toi quelqu'un ne sait pas, ou peut-être tu agonises : laisses moi t'informer que tout a une fin, car Jésus-Christ est ressuscité il y'a longtemps et quel que soit la durée de ta nuit le soleil finira par apparaitre.

J'aimerais te dire qu'il est Yawhé shama, Il est celui qui jamais ne te délaissera pas, ton père, ta mère et même toutes les personnes proches à toi peuvent t'abandonner mais pas Lui. Moi je me dis toujours que perdre l'argent c'est perdre sa finance ?

Perdre ces parents c'est perdre l'amour des deux êtres qui t'ont conçu, donc les deux éléments de ta somme.

Perdre sa santé c'est perdre quelque chose car si je manque les pieds je loue avec mes mains, et si j'en manque aussi je le loue avec ma bouche et si j'en manque aussi je le loue avec mon âme.

Mais perdre Jésus christ c'est perdre sa vie car il est la véritable vie, il ne changera jamais, mais ça ne te manque pas si tu ne connais pas ce que c'est.

Dans la vie il faut savoir prendre des risques et lâcher en croyant que tout va bien se passer et si le résultat revient le contraire prends courage encore car un jour tu finiras par obtenir ce que tu désires. Mon hier me fait pleurer,

Mon aujourd'hui me fait attendre,

Mon demain me donne de l'espoir, car le prochain chapitre de ma vie j'en suis l'auteur.

Il faut toujours savoir que quand tu es en pleine cœur de la nuit, quand tu marches dans l'obscurité, quand tu ne sais pas comment les choses vont finir alors que tu as l'impression que l'enfer se déchaine contre toi, alors que tu as impression que toutes les circonstances sont hostiles et se jettent contre ta propre vie.

Dans notre service pour Dieu nous faisons face à des défis relationnels, Jésus christ l'a vécu lui-même. On n'oublie parfois que ceux-ci peuvent engendrer dans les cœurs du leader des souffrances cachées et blessures profondes. Au fond on à mal mais c'est interdit de pleurer, comprendre sa place nous aidera à s'améliorer.

Quand vous êtes dans le dur moment personne d'autre va vous pousser. Et il faut que vous vous disiez que vous êtes capables de renverser des montagnes si DIEU est au centre.

Les amis quand on détruit une personne on la rend plus forte qu'avant, on ne sait jamais ce que les gens traversent, alors il faut savoir réfléchir avant de juger, de critiquer ou de se moquer des autres personnes.

Les gens ne comprennent pas bien sûr y'a personne qui va venir chez toi te dire si t'es capable, il y'a que toi, ces deux petites voix dans ta tête ; c'est que toi et donc il faut se persuader que vous êtes capable de grandes choses ; par exemple moi je me dis toujours le meilleur et jamais des pires.

Il est vrai que le prix du progrès est la souffrance, la plupart des gens ne veulent pas souffrir car ils aiment le confort.

Je me souviendrai toujours d'un exemple quand j'avais abandonné ma place à l'église j'étais perdue quand ma vie ne ressemblée à rien, j'essayais de décompresser, mais en réalité je compressais car le serment que j'avais eu à faire je ne l'avais pas respecté et la voie que j'avais emprunté m'avait conduit à ma perte ; jamais je ne me le pardonnerai et je ne pouvais pas l'oublier ou le réparer ni revenir en arrière.

Un peu après j'avais compris que j'avais perdu une bataille à l'époque car je voulais tout contrôler, suite à une lecture d'un passage dans la bible (Luc 15 :11-32 (LSG))

Et grâce à ça je me suis décidée de laisser Dieu s'engage et j'ai cherché à obtenir son pardon, c'est seulement après que je me suis rendue compte que pendant longtemps je ne savais pas ce que ça faisait et c'était la seule bonne solution et décision de ma vie. Voilà maintenant je peux gagner une guerre car lui savoir au contrôle ça me rassure, je sais qu'il m'aime autant que moi-même et peut être plus, car avant Lui j'étais une femme brisée et désespérée, une femme tellement fière, mais je sais maintenant qu'il faut tout lui laisser, je sais qu'il m'aime quel que soit ces intentions pour instant connu de lui seul envers moi je lâche prise je lui laisse tout en étant désolée pour tous mes faux pas.

CHAPITRE 4 :

IL SE LAISSE TROUVER ET DE FOIS NON

Et donc quand moi je dis chercher je ne fais pas seulement référence aux choses d'ici-bas mais aussi aux choses d'en hauts pour le cultiver 24 h/24 et ça devient un style de vie et plus souvent ça prend une nouvelle direction, et parce que nous sommes ses enfants on va avoir des rêves, des songes et des visions. Lorsque moi je lui ai trouvé, je me suis attachée dans une grande intimité avec lui et je t'assure que plus tu es intime de Dieu plus tu acquiers le Saint-Esprit, vous savez la vie chrétienne consiste en l'acquisition du Saint-Esprit toute la vie chrétienne consiste à ça car c'est le Saint-Esprit qui dépouille, c'est lui qui dégoute du péché, lui là permet de marcher selon Dieu. Et quand tu vas commencer à vouloir marcher dans la sanctification il faudra que tu passes du temps à te nourrir de Dieu, il faudra passer du temps dans la prière, dans la méditation de la parole de Dieu et demande enfin au Saint-Esprit de te dépouiller et là tu vas nourrir ton esprit car ta chair est base, elle est faible et là tu seras dominé par celui qui est plus fort qui sera esprit car il est bien nourrit jour et nuit donc suite à ça tu vas commercer à voir que le péché que tu faisais avant est salle tu te dis que non je ne veux pas toucher à ça ce n'est pas digne de moi.

Quand Dieu fait une alliance avec toi, cela ne dépend pas de toi ni de tes capacités, mais des siennes ! alors sois rassuré, il est capable assurément d'accomplir ce qu'il t'a promis, donc on finira par trouver car il se laisse trouver par ceux qui le cherchent en s'humiliant.

Demandes ça à David et Saul ; pour David toutes les fois où il cherchait Dieu même après avoir péché, il le trouvait, car il connaissait comment parler avec Dieu chose que Saul ne savait pas et à la fin il se retrouvait écarter de son Dieu et de tous.

Tu sais ce que je trouve plus rassurant, ce que dans un monde rempli de beaucoup d'incertitudes, je sais que Dieu sera toujours là, car si tu le cherches, il se laisse trouver, moi je crois que quand Dieu parle qu'il est rémunérateur donc pour moi quel que soit cette chose qu'il me donne je veux le prendre avec joie, mais ne cherches pas à te rémunérer toi seul car il n'est pas dit que c'est toi le rémunérateur mais lui. Voilà un peu dans les prophétiques :

La sagesse vaut mieux que l'héritage, il y'a certaines choses qui ne doivent pas être dites en public vous contredisez la nature même de l'amour de Dieu, un Dieu qui aime quelqu'un, qui devrait regarder tes problèmes mais quand il te révèle ça devrait être pour amener ces jugements là ou cette crainte-là dans un cadre où finalement le Dieu qui pardonne va pardonner, mais les personnes qui pardonnent ne doivent pas entendre ça.

Certaines choses de votre vie cachent les, c'est lui-même dans la bible qui nous dit que quand la main droite offre la main gauche ne doit pas savoir ; bref

Dieu lui-même s'arrange pour que le début d'une grosse que personne ne cache que la femme est enceinte, le premier trimestre ne se fait presque pas voir, pourquoi Dieu tient à ce que ça ne se fait pas voir à ce moment-là ! Et puis il y'a une période où Dieu lui-même a déjà dit ; même si tu caches on va voir

Le prophétique n'est pas loin de l'orgueil, je vous dis la vérité ; l'orgueil est une bataille des prophétiques, ça fait du bien quand tu as donné un message et que ça s'accomplit, et là les gens vont commencer à dire que le prophète tel, voilà toi là où tu es tu commences à te sentir oubliant que tu n'es pour rien est que c'est grâce à Dieu que tu y'es arrivé, surtout ces derniers jours ; tu vas voir que Dieu commence à t'élever dans les prophétiques cela que ils vont commencer à te dire que tu es fort, je crois qu'il faut honorer les hommes de Dieu, mais je crois qu'il ne faut pas idolâtrer les hommes de Dieu.

Si tu ne comprends pas que le prophétique est toujours tue par l'orgueil, tu ne resteras jamais longtemps dans les prophétiques.

Même dans la conversation dans les prophétiques Dieu crée de doutes en quelqu'un pour éviter l'étalage de la vie privée des gens, comme on dit souvent des cadavres dans le placard.

La hauteur donne des vertiges, c'est ce qui explique le changement de comportement de plusieurs, car si le but n'est là l'abus est inévitable.

Quand les choses sacrées commencent à devenir banales, les interdits commencent à voir des explications, les choses carrées commencent à s'arrondir.

Ne prophétisez jamais pour vous enrichir, l'amour de l'argent tue les prophètes, servez le Dieu.

On a cette idée que pour réussir, il faut vendre son âme au diable mais ce n'est pas du tout le cas ;

Au contraire, le moment où ma vie m'a échappé, où j'ai failli tout perdre, c'était justement quand je n'étais pas moi-même et que je copiais des comportements en pensant que c'était ce qu'il fallait faire.

L'onction est capable de faire de toi une personne très recherchée mais, plus tu commences à prendre des hauteurs, plus tu as de vertiges ; alors l'ascension devient difficile, alors ce que tu vas commencer à voir que le petit qui t'appelait papa, commence à te dire ça toi !

Aujourd'hui tu te dis que tu cherches Dieu, c'est maintenant que tu fuis l'impudicité mais parce que tu n'as pas d'argent, mais quand tu vas trouver l'argent ce à ce moment-là qu'on va voir la vraie toi, car selon toi tout te sera permis.

Mais laisses-moi te dire : le péché où que ça soit reste le péché, les interdictions qui sont dans la bible doivent être respectées en dehors du pays comme à l'extérieur du pays, la parole de Dieu reste la parole de Dieu, elle ne change pas et elle n'est pas adaptée selon le pays ni nos races mais la bible est adaptée selon l'esprit, donc nous devons marcher selon Dieu et non selon le monde.

Bien-aimés dans le seigneur, n'enviez pas les personnes qui vivent dans les péchés et qui démontrent l'onction, car à un moment ça ne tiendra pas parce que l'onction marche avec la sanctification.

Servez Dieu comme vous êtes, Dieu se souviendra de vous servez Dieu et non l'argent car la bénédiction de chacun connait son adresse.

Mais savez-vous quoi un bateau ne coule pas à cause de l'eau autour de lui mais à cause de l'eau qui est à l'intérieur. Alors ne laisses pas les évènements qui surviennent autour de toi pénétrer ton esprit et te faire couler.

Donc si tu veux progresser, tu dois être prêt à ce que pendant votre parcours ressentir de la souffrance pour que tu puisses accomplir ton objectif et je t'assure qu'il y'a une récompense qui t'attends à la fin de ces épreuves, car tu es avec celui qui se laisse trouver à tous ceux qui ont besoins de lui.

On ne nait pas entrepreneur, on ne le devient pas du premier coup ou au fond on n'est pas entrepreneur dès le début, mais ont réussi parce qu'on a eu des échecs qu'on s'en est relevé, parce qu'on a réinventé autre chose, parce qu'on a tenu, et qu'est impossible de changer le passé mais on peut gagner ou perdre l'avenir.

Sachez que plus de 40 millions d'avortements qui se font chaque année dans le monde.

Plus de 40 millions des bébés innocents livrés à la mort de façon consciente ou inconsciente.

Dans un monde où on glorifie les meurtres des bébés.

C'est loin plus des morts que dans l'Est du Congo en RDC, de loin pire que la colonisation ou l'esclavage.

Pourtant, personne ne marche pour ça et extrêmement peu en parlent.

Nous l'église de Jésus-Christ, sommes appelés à vivre différemment, hors des critères et de la norme de cette génération perverse. Afin nous pouvons appeler tout par leurs noms et non le mal par le bien et le bien par le mal.

Ma sœur, gardes l'enfant, Même si tu es tombée avant le mariage, ton enfant n'est pas un péché, même si l'homme ne t'aime plus ce n'est pas la fin ! Dieu dit : arrêtes de jouer avec les cœurs d'autres, tu devras rendre des comptes pour ces âmes qui se suicide à cause de toi, Félicitations à tous ceux et celles qui surmontent le chagrin d'amour par la prière et l'intimité avec Dieu. Saches que ton enfant sera un témoignage de la gloire de Dieu !

Si l'homme veut te pousser à tuer, ne l'écoutes pas, vaut mieux plaire à Dieu que de plaire aux hommes car le droit des femmes ne peut pas primer sur le droit qu'un être humain de vivre. L'avortement demeure un meurtre.

Acceptons de perdre nos dignités et nos conforts selon que les gens disent mais essayons de conserver cette petite flamme ou voie du Saint-Esprit dans nos cœurs, certes avoir une grosse avant le mariage n'est pas bien mais n'empirons pas nos cas après car le Seigneur attend de nous après cet dernier la reconnaissance et non un meurtre ! sais-tu que tout acte a sa récompense, est-ce que tu sais qui deviendra cet enfant dans ce monde ? est-ce que tu ne tues pas le président de demain ?

Pour moi ***perdre sans se perdre*** peut-être encore expliquer par l'acceptation de laisser passer des choses qui passeront, donc nos conforts et tout ce qui va avec s'il le faut même sauf la véritable toi ce n'est pas pour rien que la bible dit que vaut mieux un chien vivant qu'un lion mort, accepte de perdre la photocopie sans l'original « « **l'épouse qui attend son époux** » tient à ce que ta robe puisse rester blanche, certes la vie est tout sauf juste mais dans ces imperfections forces-toi à ne pas te salir, toi trouves la perfection, toi trouves les qualités, donc dire non au bénéfice court terme ou terrestre pour dire oui au bénéfice long terme ou Eternel.

Dans la vie nos décisions sont influencées soit par la peur, la sous-estime et la surestime.

Choisis le Saint-Esprit comme influent afin que tu sois la personne qui plait à Dieu, choisie de te faire un enfant ou de te faire convertir à eux comme il est dit dans la bible que le royaume de Dieu est à eux. Vous savez quand on vous met à l'écart dès votre plus jeune âge parce que vous êtes différent, ou bien qu'on s'intéresse à vous uniquement par calcul vous comprenez toujours trop tard mais au fil du temps tout ça laisse forcement des traces.

Vous avez plus confiance et vous devenez distant ou vous avez perd de votre ombre.

Vous avez plus la haine et vous devenez frimeur arrogant, mais aujourd'hui je suis reconnaissante moi d'avoir eu ces genres de personne au prêt de moi car ils m'ont aidé à voir et à comprendre la grandeur de Jésus-Christ dans ma vie, c'est pour ça que je vous rapporte ça ou vous raconte alors.

Des fois les gens font plus que nous tutoyés car ils nous sous-estimaient depuis le commencement, les personnes qu'on croyait plus intimes nous oublient demandes à Joseph.

Mais savez-vous quoi ? Dieu utilise les sans valeurs et faveurs aux yeux des hommes pour enseigner et donner un grand témoignage, donc toi préserves encore car ton demain est plus grand et bon que ton aujourd'hui.

Permets-moi de t'informer tu es le gardien de ton frère, tu peux ramener toute ta famille par la prière fervente, toi pries de tout ton cœur.

Aujourd'hui j'ai l'amour dans le cœur, la louange sur la langue et la récompense par l'action sont les signes de ma gratitude.

CHAPITRE 5 :

DANS LE CACHES TOI

Ce n'est pas tout à fait fini, j'ai une dernière chose à te dire, peu importe ton âge, peu importe ton passé Dieu attend ta prière, il est la solution pour ton cœur, il ne te demandera rien du tout juste un cœur sincère, alors file dans le secret de ta chambre et ouvre ton cœur fais l'acte de foi, prie-le avec vérité et repentance et il entendra ton cri et tu attendras sa voix.
Je ne sais toujours pas comment mettre des mots sur ce qui se passer dans ma vie.

C'est que j'ai vue aujourd'hui est quelque chose d'absolument saisissante je l'appelle un miracle c'est pourquoi je l'écris pour que nous nous souvenions de ce que nous avons été témoins aujourd'hui. S'il y'a des hommes qui prient donc il y'a un Dieu qui écoute et agit.
Vous savez entant qu'enfant de pasteur ce n'est pas simple, il y'a des choses qu'on vit et ce qu'on fait, mais on l'attribue au fait qu'on est enfant du pasteur. Les gens ne voient pas le fait que nous avons travaillé ou le fait que nous cherchons Dieu dans le secret, les gens ne voient pas tout, eux savent que si vous le faites c'est parce que vous êtes enfant de pasteur.
C'était un vendredi 13 octobre, j'avais examen de droit et je suis arrivée avec une heure de retard Parce que j'avais beaucoup des choses à faire avant la passation

de l'examen à la fac, quand je suis arrivée déjà trente personnes étaient renvoyées à cause du retard ainsi que d'autres sortaient après leurs passations d'examen, ce jour-là je fus témoin du miracle car la présence de Dieu était partout et dans tout pour moi, je peux même dire visible à l'œil nu et mon examen s'était bien passé à l'instant où les gens voyaient la deuxième session, quand ils pensaient tous que je n'allais pas m'en sortir lui croyait en moi, c'est pourquoi je lui dit toujours : je t'aime ABBA.

Quand je me souviens de christ, je n'ai plus des raisons de pleurer, quand je me souviens qu'il avait dit ; mes craintes, mes stress, mes hontes ont disparu ; les larmes de mes yeux ont séché car l'amour de Dieu est élevé et je regarde ce qu'on appelle pourriture comme résurrection, j'aimerais dire à quelqu'un qu'il n'est pas en train de pourrir car il est la résurrection et il a été ressuscité le troisième jour.

Quelqu'un a dit sur ta vie, que tu serais tout le temps rejeté que c'est vrai, mais Dieu est le Dieu de la réintégration, Dieu est le Dieu de réhabilitation, il est le Dieu de la rédemption, il donne une chance à celui qui n'en avait pas, il restaure ceux qui sont brisés, il guérit celui qui est malade, lui ne se sert pas du rétroviseur ; Dieu est celui-là.

Il dit : « voici ce que je dis, j'annonce une chose dite l'Eternel : les captifs seront délivrés. »

Mets ta confiance en Jésus-Christ parce que Paul et Silas par leur confiance en Lui ils avaient eu les courages de louer pendant leurs pires moments car ils connaissent la puissance du chant de la louange ainsi que sa place dans toutes situation, peu importe ce qui se passe dans ta vie peut être tu passes des nuits insomnies et puis il y'a plein de scenarios, toi décides de mettre ton cœur dans la louange et proclamer lui au-dessus de toute situation.

Toi tu as impression que si tu vis sans ami ou amie ta vie est finie et tu te posses beaucoup des questions ! alors que tu ne devrais pas te déranger avec ça au contraire tu dois savoir prendre des moments d'intimités avec Dieu et savoir si ta relation est comment avec lui.

Tu les surveilles, résultat tu as tout le temps le cœur brisé ; ceux qui sont là sont là et ceux qui ne sont pas là, ne sont pas là ; d'ailleurs tu ne dois pas savoir quand qu'elles sont parties, parce que tu as appris à vivre avec Jésus.

Celui qui veut être avec toi avance, celui qui ne peut pas laisser.

Dieu veut nous attendre lui informer de nos problèmes et situation même s'il les connait d'avance, il veut nous voir compter sur lui et lui seul, tu entres dans ta chambre tu parles avec Dieu et tu célèbres son nom pour ce qui se passent dans ta vie, ainsi que pour ceux qui se passeront.

Lèves-toi autorité dans la prière pour ta famille ! Toi et ta famille vous servirez le Seigneur si ce n'est pas encore le cas ! il faut refuser à tout prix de laisser à ta nouvelle génération ta responsabilité ni l'enrichir des choses que t'auras dû abandonner et décides-toi de prendre cette nouveauté qui est se sacrifié l'histoire de changer cette routine.

Marc 10 :28-31 (LSG)

Pierre se mit à lui dire ; Voici, nous avons tout quitté, et nous t'avons suivi. Jésus répondit : Je vous le dis en vérité, il n'est personne qui, ayant quitté, à cause de moi et à cause de la bonne nouvelle, sa maison, ou ses frères, ou ses sœurs, ou sa mère, ou son père, ou ses enfants, ou ses terres, ne reçoive au centuple, présentement dans ce siècle-ci, des maisons, des frères, des sœurs, des mères, des enfants, et des terres, avec des persécutions, et, dans le siècle à venir, la vie éternelle. Plusieurs des premiers seront les derniers, et plusieurs des derniers seront les premiers.

Arrêtons de tromper nos apparences car l'important dans la vie ce n'est pas que les gens ayant une bonne image de nous, mais que nous-même ayons une bonne image de nous-même et soyons la source de notre bonheur car les gens sont décevants.

Marc 12 :41-44 (LSG)

Jésus, s'étant assis vis-à-vis du tronc, regardait comment la foule y mettait de l'argent. Plusieurs riches mettaient beaucoup. Il vint aussi une pauvre veuve, elle y mit deux petites pièces, faisant un quart de sou. Alors Jésus, ayant appelé ses disciples, leur dit : Je vous le dis en vérité, cette pauvre veuve a donné plus qu'aucun de ceux qui ont mis dans le tronc ; car tous ont mis de leur superflu, mais elle a mis de son nécessaire, tout ce qu'elle possédait, tout ce qu'elle avait pour vivre.

J'ai demandé à Dieu de m'accorder la grâce d'aimer sa présence, d'aimer la prière et d'y être constant pour passer du temps dans la présence du Saint-Esprit par cette relation entre moi et lui qui va venir ranimer ma foi, mais même avec la meilleure motivation qui soit, ce n'est pas toujours évidant de se maintenir en prière. D'où l'intérêt de demander cette grâce à Dieu.

J'ai normalisé le fait de ne pas être obligé de faire 5 heures de prière par jour, tout simplement parce que Dieu est dans la qualité et non dans quantité.

Après oui, il y'a des moments où tu peux passer des heures dans la présence de Dieu, c'est super d'ailleurs. La bible dit que Néhémie n'avait pas le droit de dire attends un peu je veux prier ; car il savait pendant que je suis entré de verser le vint le seigneur m'écoute, qui a dit qu'il écoute seulement quand tu es à genoux ? Mais ce n'est pas une norme qui fasse que tu culpabilises lorsque tu ne le fais pas, le plus important c'est la qualité du temps que l'on offre à Dieu, c'est en cela qu'il prend plaisir car la prière n'est pas pareille dans chaque niveau.

Vous prierez dans le ventre du poisson, même en cours de route ; C'est pourquoi vous n'aurez pas besoin d'aller d'abord dans votre chambre quand on vous pose la question-là avec chez, vous le ferai comme Néhémie. Néhémie 2 :1-4 (LSG)

Au mois de Nisan, la vingtième année du roi Artaxerxès, comme le vin était devant lui, je pris le vin et je l'offris au roi. Jamais je n'avais paru triste en sa présence. Le roi me dit : Pourquoi as-tu mauvais visage ? Tu n'es pourtant pas malade ; ce n'est peut-être qu'un chagrin de cœur. Je fus saisi d'une grande crainte, et je répondis au roi : Que le roi vive éternellement ! Comment n'aurais-je pas mauvais visage, lorsque la ville où sont les sépulcres de mes pères est détruite et que ses portes sont consumées par le feu ? Et le roi me dit : Que demandes-tu ? Je priai le Dieu des cieux.

Mon regard était absorbé par le Christ, je n'espère jamais le perdre de vue, je mis des années avant de me rendre compte mais ce jour-là ma vie avait enfin un sens ; c'était ça mon miracle mais il a fallu son temps et un lieu choisis par le faiseur de miracle (Dieu). Je ne tiens pas un jour sans Dieu, quand la vie est dure : je prie, quand elle est belle : je prie, quand, quand je suis heureuse : je prie, quand j'ai un coup de mou : je prie, quand j'ai envie de prier ou pas je prie. Aujourd'hui nous avons transformés la vie de prière à une liste ; tu veux juste ne pas avoir mauvaise conscience pendant la journée, mais c'est quel genre de relation ou je vies avec mon mari, est-ce que je lui ai dit je t'aime ? oui. Est-ce-que je lui ai dit qu'il me manque ?
La prière est un état de conscience nous permet de parler à Dieu où que nous soyons et il nous écoute, prie c'est parler avec le diable, regardes à un certain moment l'interlocuteur de Jésus-Christ c'est le diable.

Moi j'ai cessé de considérer la prière comme un fardeau. Dis-toi plutôt que tu passes du temps avec Dieu car la prière peut prendre plusieurs formes : discussion ; adoration, louange, introspection et même méditation la parole.

Mes amis la prière n'est pas basée sur nos religions mais sur nos relations, la prière est une histoire de si tu connais le Seigneur, pas si tu fais comme tu aimes faire, elle est basée sur à qui tu parles ? as-tu pris conscience avec qui tu parles qui est-il pour toi ? tu causes avec qui ? on grandit dans sa façon de prier, d'exploite la pertinence et la réalité de la prière.

Matthieu 4 :1-11 (LSG)

Alors Jésus fut emmené par l'Esprit dans le désert, pour être tenté par le diable. Après avoir jeûné quarante jours et quarante nuits, il eut faim. Le tentateur, s'étant approché, lui dit : Si tu es Fils de Dieu, ordonne que ces pierres deviennent des pains. Jésus répondit : Il est écrit : L'homme ne vivra pas de pain seulement, mais de toute parole qui sort de la bouche de Dieu. Le diable le transporta dans la ville sainte, le plaça sur le haut du temple, et lui dit : Si tu es Fils de Dieu, jettes-toi en bas ; car il est écrit : Il donnera des ordres à ses anges à ton sujet ; Et ils te porteront sur les mains, De peur que ton pied ne heurte contre une pierre. Jésus lui dit : Il est aussi écrit : Tu ne tenteras point le Seigneur, ton Dieu. Le diable le transporta encore sur une montagne très élevée, lui montra tous les royaumes du monde et leur gloire, et lui dit : Je te donnerai toutes ces choses, si tu te prosternes et m'adores. Jésus lui dit : Retire-toi, Satan ! Car il est écrit : Tu adoreras le Seigneur, ton Dieu, et tu le serviras lui seul. Alors le diable le laissa. Et voici, des anges vinrent auprès de Jésus, et le servaient.

J'ai arrêté de me fixer des créneaux impossibles à terme. La vérité c'est que plus tu te fixes une heure de prière, plus ça devient machinal et moins c'est sincère.

Avoir une heure précise de prière ça crée une discipline certes, mais ça te rendra aussi religieux (tant que ce n'est pas l'heure de prière tu ne pries pas), et sachez que nous sommes pas obligés de faire comme les autres car Dieu ordonne des directives spécifiques à chacun ; idéal en fait c'est de saisir chaque occasion, pour glisser deux/trois mots à ton bien aimé ; gardes juste à l'esprit que tu ne peux pas passer une journée sans prier et le reste suivra surtout n'imites pas les actes des autres, plus c'est authentique mieux c'est.

1 Thessaloniciens 5 :17 (LSG), Priez sans cesse.

J'ai appris à être conscient de la présence de Dieu. J'ai compris que je pouvais prier à n'importe où et à n'importe quel moment parce que partout où je suis, Dieu y est aussi car tant que je reste sur le bas à coté à attendre que les choses se passent je ne vivrai rien.

La prière ne devrait pas être une option, la prière c'est notre style de vie. Jésus leur adressa la parabole, pour montrer qu'il faut prier, et ne point se relâcher. » Luc 18 :1

La prière est une histoire de si tu connais le Seigneur pas seulement si tu fais comme tu aimes faire. On ne sert pas Dieu avec bonne foi mais on le sert avec obéissance, demandes ça à Auzat ; il avait l'intention d'aider l'arche qui était entre de tomber mais il en est mort car il n'était pas autorisé à toucher l'arche, c'est degré de la relation détermine ce que ça va donner.

La prière ce n'est un processus seulement mais c'est une relation, une responsabilité entre deux parties donc on anticipe on n'a pas besoin de demander car on lui appartient il est de son obligation de nous donner des biens pour la satisfaction de nos besoins.

Dieu agit dans des prières simples et courtes comme dans les prières longues ou en langues. L'important c'est de faire avec ton cœur et laisser agir ta foi.

Ephésiens 2 :10 ; la bible déclare : nous sommes son ouvre, ayant été créés en Jésus-Christ pour de bonnes œuvres, que Dieu a préparées d'avance, afin que nous les pratiquions.

Un mot retient mon attention : OUVRAGE !

Selon le dictionnaire Robert c'est un ensemble d'actions coordonnées par lesquelles quelque chose est mis en œuvre.

Ça m'a amené à comprendre que simplement le seigneur a entrepris un ensemble d'actions pour t'avoir comme œuvre, œuvre est synonyme de réalisation ou entreprise.

L'implication est que nous sommes l'entreprise divine et vous êtes la réalisation divine.

Et sachez que dans son entreprise, il y'a investi tout ce qu'il avait de précieux, à savoir le Christ !

Comme tout entrepreneur de qualité, nous investissons tout notre argent, notre temps et nos ressources dans notre entreprise pour obtenir des résultats admirables.

Dieu a investi en nous, bien au-delà de ce que nous pouvons voir !

Donc étant son ouvre il connait nos besoins avant que nous sentions ces besoins, il aime nous écouter lui exposer nos situations, nos peurs, nos doutes, nos problèmes et sa gloire. Voilà ma prière pour toi

Saint-Esprit je te demander de consoler ce cœur, viens refermer ces blessures qui lui font tellement souffrir, tu n'ignores pas ce qu'il vit et il se tourne vers toi parce qu'il sait que toi seul es capable de consoler son cœur, toi seul es capable de guérir et de restaurer son cœur, Saint-Esprit stp voici devant ton enfant, je te demande de lui consoler.

Moi j'ai l'habitude de lui dire ces phrases je suis là prête à tout perdre, je refuse de te trahir encore, je suis là ouverte à toi, même si le silence persiste, je suis là prêt de ta croix ; car c'est là que je me sens en sécurité, oui quand il dit un mot oui tout s'arrête et l'atmosphère change.

Donc dites-vous qu'aujourd'hui c'est un jour ou nous allons nous défendre, le Dieu qui nous a aidé hier, il le fera même aujourd'hui, celui qui nous a justifié hier, il le fera même aujourd'hui.

Ceux qui ont bloqués nos projets hier, Dieu les donne une place pour qu'ils puissent encore nous aider à se défendre plus qu'il hier, ils ne peuvent rien sur nous appart nous pousser à donner les meilleurs de nous-même.

C'est qui est sûr est que nous allons toucher à Dieu et nous réussirons, nous marquerons l'histoire, ferons des exploits et ferons la différence car quand Dieu s'implique, rien ne se complique mais tout s'applique, je crois que notre génération sera une génération que Dieu va rendre riche sans compromission, je crois que notre génération sera une génération que Dieu va élever dans les voix.

CHAPITRE 6 :

L'AU-DELAS

Les amis, Dieu est grand que la grandeur, des fois il y'a des petites choses qui nous ont données et Dieu regarde comment nous les utilisons.

Lorsque nous sommes humbles, nous reconnaissons la bonté de Dieu même dans des petits détails de la vie et nous nous gardons des bonnes relations, car le portier peut devenir le beau-père du roi, nous acceptons que tout n'est pas rose mais qu'il y'a des bonnes choses sur lesquelles concentrer notre attention.

Oui certains événements nous font pleurer mais Dieu permet toujours quelque chose au milieu de la journée pour nous faire rire et nous aider à reprendre courage, alors ne méprisons pas tout ce qu'il fait pour nous et ayons un cœur sans cesse de reconnaissance. Décidons de regarder tout le bien qu'il y'a dans nos vies et fermons les yeux sur tout ce qui n'est pas encore accompli. Job 19 :25 (LSG)

Mais je sais que mon Rédempteur est vivant, Et qu'il se lèvera le dernier sur la terre.

Le savez-vous ! quand on perd et qu'on n'est pas en Dieu on perd le double, mais quand on est en Dieu qu'on perd le bénéfice court terme pour le long terme on reçoit le double de ce qu'on avait parce qu'il est celui qui a permis cette perte demande à Job.

Tu as besoin d'une réponse à au moins une de tes questions ; le secret n'est rien que d'aimer être dans la présence de Dieu.

La foi c'est croire que Dieu fera ce qui est juste et non ce que tu croix que Dieu fera ce que tu veux.

Si tu veux réussir à devenir grand tu dois faire une alliance avec Dieu si tu m'aides ou si tu fais ceci pour moi je ferai ceci pour toi, Dieu n'entre pas dans une affaire où il y'a pas sa part.

Actes 7 :54-59 (LSG)

En entendant ces paroles, ils étaient furieux dans leur cœur, et ils grinçaient des dents contre lui. Mais Étienne, rempli du Saint Esprit, et fixant les regards vers le ciel, vit la gloire de Dieu et Jésus debout à la droite de Dieu. Et il dit : Voici, je vois les cieux ouverts, et le Fils de l'homme debout à la droite de Dieu. Ils poussèrent alors de grands cris, en se bouchant les oreilles, et ils se précipitèrent tous ensemble sur lui, le traînèrent hors de la ville, et le lapidèrent. Les témoins déposèrent leurs vêtements aux pieds d'un jeune homme nommé Saul. Et ils lapidaient Étienne, qui priait et disait : Seigneur Jésus, reçois mon esprit !

Donc toutes les personnes qui mes lisent à travers le monde et qui aspirent à devenir comme moi, on ne revit pas son passé ne laissez pas vos drames vous définir, mais ce dernier nous rappelle notre provenance ne laissez pas votre ego vous définir, mettez-vous au travail et accepter de perdre quelque fois car la vie ce n'est pas la vitesse mais endurance en sachant que tout n'est pas noir ou blanc mais de fois marronne.

J'ai toujours l'habitude de me dire que Dieu n'est pas venu dans ma vie pour assurer ma convenance, mais il est venu dans notre vie pour ses propres comptes et que souvent sa volonté est perturbatrice, quand elle est dérangeante parfois elle semble destructrice vous vous demandez par fois si Dieu veut vous tuer, alors qu'en fait Dieu vous prépare à quelque chose de plus grand que vous et plus fort que vous et il faudra peut-être des années avant que vous puissiez trouver des réponses à vos questions et que vous commencez à comprendre pourquoi vous avez dû traversez pour arriver là où vous devriez arriver et c'est dépendant ce temps-là que la foi intervient car lui ne dit pas ce qu'il voit, mais il voit ce qu'il vit ; Dieu ne parle pas en fonction de ce qu'il voit mais de ce qu'il vit.

Concentrez-vous sur les personnes qui vous aiment ne vous concentrez jamais aux personnes qui ne vous aiment pas.

Tout le monde ne va pas t'empoisonner, il y'a des personnes qui sont prêtes à se battre pour que tu ne meurs pas, que Dieu mette au tour de votre vie des belles personnes.

Avec Jésus, le Saint Esprit et Dieu tu es seul tu n'es pas seul et tu n'as jamais été seul, il est amoureux de toi, mais hélas il y'a toujours quelqu'un dont tu n'arrives pas à laisser partir tu es triste à l'idée de perdre, pourquoi tu as peur de perdre ces amis que t'induisent dans les erreurs ?

Quand tu vas comprendre qu'il est là, il a été et qu'il sera toujours avec toi tu vas comprendre que :

Qu'il aucun la maladie qui peut lui résister.

Qu'aucune souffrance pourra lui résister.

Qu'aucun nom peut s'opposé au sien.

Et qu'aucune adversité peut lui résister.

Les amis gardez la foi, cette situation finira par passer, vous finirez par atteindre l'autre bord.

Pourquoi tu peux avoir peur de perdre des gens qui te critiquent dans le dos, qui parlent du mal de toi alors qu'ils n'étaient même pas là, et quand tu vas te rendre compte qu'ils ne sont pas ce que tu croyais tu comprendras que ce n'est que la manifestation de ce qu'ils sont réellement, la manifestation de ce qu'ils étaient déjà ; des gens qui te critiquent, des gens qui parlent mal de toi, des gens qui te jalousent et te combattent puis un jour elles partent ils n'ont jamais été là mais parce que à chaque réconciliation tu ne faisais que prolonger le délais la rupture ou la séparation car le véritable problème est que tu es tellement attaché aux humains que tu ne sais pas vivre avec le vrai ami spirituel qui est Jésus et le jour où tu commenceras à vivre avec Lui tu sauras l' écouter pour dire tu sois mon meilleur ami.

Tu n'es pas seul(e), il y'a Jésus-là qui attend à ce que tu puisses venir à lui, cesse de te battre ; abandonnes toi à lui, Il est prêt à t'aime.

Ne te bat pas pour marquer les mémoires des hommes, l'être humain est ingrat c'est pourquoi l'apôtre Paul a dit nous devrons plaire à Dieu et non aux hommes parce que je crois que lui aussi avait constater que les humains sont ingrats.

Je t'assure tu peux couter ta main pour quelqu'un puis après il te trahit et plus souvent les gens à qui ont fait du bien ces sont ces mêmes gens qui nous trahissent parce que les cœurs des hommes sont tortueux pardessus tout.

Donc marques les buts dans le cœur de Dieu et non dans les cœurs des hommes, organises toi pour plaire à Dieu à chaque instant car quand le cœur de Dieu est marqué il te place exactement là où tu dois être.

Si vous vous trompez et que vous vous plantez, sachez que le seigneur est suffisamment bon pour nous recorriger mais ayons très peur de nous obstiner, ayons très peur d'être têtu et de ne pas étendre ce que Dieu a à nous dire quand il veut nous rediriger dans la bonne direction.

Veux-tu trouver une adresse où trouver Dieu ? Cette adresse s'appelle la prière, là-bas tu vas le trouver et lui parler le plus longtemps et ouvertement possible mes amis la prière paye ainsi que la patience.

Il existe maintenant des aînés prophétiques, un aîné prophétique n'est pas forcement biologique, des fois les aînés biologiques sont là mais ne font rien pour supporter la famille et c'est le second ou le dernier qui a ces soucis de la famille et c'est celui qui aime évangéliser les autres d'où ma confirmation qui dit que Joseph est l'un d'entre eux.

Je t'assure qu'il est impossible de réjouir le cœur de Dieu sans qu'il ne réjouisse le tien en retour, plus on accepter le prix à payer pour Dieu plus sa gloire devient forte.

Il est temps que tu deviens et que tu fais ce pour qui tu as été créer et appeler, certes nous ne sommes par tous aînés prophétique mais chacun a sa mission ici sur terre il te faut seulement la découvrir une fois découverte, toi donnes les meilleurs dans ça quand tu peux et ce que tu peux.

Il est temps que l'église démontre son onction, nous avons tellement démontré nos craintes, nos diplômes, nos expériences et nos compétences, mais il est temps qu'on démontre l'onction.

Il faut que tu arrêtes, cette vie chrétienne où tu ne pries pas, tu laisses les autres prendre ta vie en charge quelle paresse spirituelle inquiétante !

Il est temps que les malades viennent auprès de toi et qu'après ils se sentent sans maladie dans leurs coups, il est temps que dans nos cultes que nous voyons les personnes qui sont venues avec leurs fardeaux mais, elles rentrent avec des solutions.

La foi se tient dans l'écart entre votre compréhension et votre expérience vous vous accrochiez de toute votre force et vous y croyez même dans la tempête de la vie. Le jour où moi j'ai dit oui à Dieu : je dis comme on dit voilà peut-être nos retrouvailles.

Je connus Dieu étant trop jeune, je commençais à prêcher très top la parole, déjà à l'âge de 9ans terriblement et j'aimais l'Eternel mais je n'ai pas vu ce que Dieu voyait, mais quand vous entrez dans la présence de Dieu vous pouvez voir au travers des yeux de Dieu, ça j'aime, parce que nos yeux physiques il ne faut pas faire confiance à ça, j'étais comme la bible le dit de Jésus ; ni beauté, ni éclat bref je n'avais rien d'attirante.

Mais j'aime Dieu, parce que lui il voit au-delàs de nos yeux et quand Dieu m'a dit oui c'est toi et je veux t'utiliser comme tu es, c'est alors que j'ai décidé de tout abandonner pour lui suivre à deux pieds.

 Des fois quand je me regarde réaliser des grandes choses dans ma vie grâce à cette décision, je me dis que j'ai failli rater quoi ! c'était moins une.

Ecoutez bien mes frères et sœurs, il faut écouter Dieu, mais oui il y'a eu des gens qui m'ont dit : assieds-toi là ; je me suis assise, et m'ont demandé qu'est-ce que tu trouves dans ce Dieu, regardes d'abord ça ne colle pas hein ! lui c'est du genre d'altesse pas toi ; je dis : je suis désolée c'est Lui, en tout cas c'est vraiment Lui que j'ai choisi.

Dieu me disais quand j'étais avec des amis allez-y, foncez comme ça avec moi et puis il me regarde, il me disait tu parleras de ma part au monde entier, retenez ça très bien ; j'avais oublié c'est tellement longtemps mais ce que j'aime avec Dieu : tu peux tout oublier comme prophétie oui, tu as pas besoin de ça mais si chaque jour tu es là où Dieu veut, tu vas là où Dieu te demande tu arriveras à ta destinée donc tu ne te tromperas jamais des chemins si tous les jours tu écoutes Dieu et que tu cherches la volonté de Dieu tu y'arriveras.

Tous les jours Dieu nous regarde d'un regard d'amour, de compassion et de pardon, il ne nous regarde pas pour nos mauvaises décisions mais il nous regarde pour nos bonnes décisions.

Regardes un peu l'histoire de Samson dans la bible après la trahison de Délila, il était comme un chien mais avec la foi semblable à celle de la femme dans le nouveau testament qui dit même le chien mange les restes de la nourriture des enfants, il a non seulement combattu les Philistins mais le roi et sa descendance, et ce fut le jour de la liberté de la nation de Dieu.

Ecoutez après la capture de Samson les Philistins pensaient que c'était la fin d'histoire des enfants d'Israël, mais Dieu lui avait permis que Délila soit là pour faire arriver les israélites à cette étape de liberté qui a été totale et non partielle comme Samson le faisait, il faut croire que Délila était une actrice importante dans cette scène car sans elle les israélites n'auraient jamais su que ce Dieu était et est multi-système. Dieu a permis que Samson puisse être impuissant et seul pour manifester sa grandeur en acceptant de perdre un combat pour remporter la bataille.

Il y'a des épreuves qui nous arrivent pour que Dieu relève sa gloire.

Juges 16 :28 -30(LSG) lors Samson invoqua l'Éternel, et dit : Seigneur Éternel ! souviens-toi de moi, je te prie ; ô Dieu ! donne-moi de la force seulement cette fois, et que d'un seul coup je tire vengeance des

Philistins pour mes deux yeux ! Et Samson embrassa les deux colonnes du milieu sur lesquelles reposait la maison, et il s'appuya contre elles ; l'une était à sa droite, et l'autre à sa gauche. Samson dit : Que je meure avec les Philistins ! Il se pencha fortement, et la maison tomba sur les princes et sur tout le peuple qui y était. Ceux qu'il fit périr à sa mort furent plus nombreux que ceux qu'il avait tués pendant sa vie.

Il y a des fois Dieu permet à ce que tu puisses comprendre qu'on peut cohabiter avec les lions dans leurs savanes demande à Daniel.

Dieu ne ment jamais.il y'a des fois que Dieu utilise même la bout pour donner la vue, Dieu peut te faire comprendre que l'eau n'est pas faite seulement pour boire mais aussi pour marcher dessus.

Pourquoi je crois que Dieu sauve certains et d'autres non, parce que pour les uns leurs missions sont finies et pour d'autres ils commencent.

CHAPITRE 7 :

MA MISSION S'IMPOSE

Le moment choisi par Dieu est toujours le bon et vous êtes là où vous devrez être.

Parfois on peut se sentir impatient ou incertain sur ce qui se passe dans votre vie, se demandant pourquoi les choses ne se déroulent pas comme prévu. Mais Dieu dans sa grande sagesse, voit tout le tableau d'ensemble et prend soin de chaque détail de notre vie.

Il sait quand c'est le bon moment pour les choses se passent et travaille à tout coordonner pour notre bien.

Même lorsque nous ne comprenons pas il agit en coulisse arrangent les circonstances ouvrant des portes et nous préparant à ceux qui nous attend lors que nous pouvons trouver la paix et la satisfaction dans le moment présent en sachant qu'il a un plan pour nous et nous guidera sur le bon chemin.

Le mal semblait être plus fort que moi c'est quand je me suis remis à son secours qu'il m'a fait comprendre que dans la vie je dois connaitre et me rappeler d'avoir une attitude de reconnaissance d'humilité et de compréhension d'où le don provient ; ce n'est pas nous, il nous a l'a été donné par la grâce de Dieu et d'utilisons ce que nous avons en possession pour aider les autres en besoin sans contrepartie, car le dernier jour de votre vie vous ne l'emporterez pas avec vous.

Moi j'ai appris à utiliser mon rétroviseur, à avoir une vision du derrière les murs pour bien me conduire car ce dernier me rappelle ce que j'étais avant aujourd'hui, d'où je viens et m'aide à briser mon ego puisque tout est grâce.

Les amis moi je suis fatigué de la division, Vous savez ! Je veux connaitre ce Jésus, celui qui se laissait livrer en sacrifice avec son regard innocent, je veux juste savoir à quoi ça ressemble d'aimer les gens, vous savez ! il est celui qui va là où se trouvent les gens brisés dont personne n'a réussi à rassembler, mais nous avons de l'espoir et son nom est Jésus, il a changé ma vie et oui il change des vies frères.

J'avais demandé à Dieu de m'aider à aimer les autres, je vous le dit il a envoyé des gens pour me blesser, pour m'apprendre en fait à voir que dans la personne il y'a du bon mais il y'a aussi du mauvais et plus les gens me blessaient plus j'arrivais à pardonner et quand j'arrivais à pardonner maintenant j'arrivais à aimer les autres parce que je me suis dit mais c'est n'est pas grave tout le monde ne peut pas être mauvais il y'a forcément du bon dans la personne et c'est ce bon là que je vais regarder.

 Si la plus part de temps une source de blessure intérieur s'attendre à ce que les gens soient reconnaissants, qu'ils t'aiment comme toi tu le aimes, comme je donne on me donnera, comme je donne on me dira merci ou qu'aimera ce n'est pas écrit mes frères, fais les biens sans attendre qu'on vous rende la pareille, lorsque tu attends les mercis, les reconnaissances ou l'amour bien aimé tu arrêteras de bien faire car l'homme la plus part de temps est un ingrat , l'homme la plus part de temps se concentre sur les maux que les biens, tu peux aider un homme dix fois à la onzième fois tu dis je ne peux pas, l'homme oublie toutes les dix fois que tu l'as aidé c'est comme ça qu'il est, l'homme demande de fois avec hargne mais oublie de dire merci, il y'a des hommes comme ça, c'est terrible il te dérange pendant un mois aide-moi , mais quand tu l'aides il l'utilise et oublie de revenir te dire merci, et si tu attends l'amour des autres tu seras blessé, n'attend même pas dans l'église qu'on t'aime tu seras blessé, n'attend même pas dans l'église qu'on te fasses les suivis tu seras blessé ni qu'on te salut après le culte tu seras blessé mais toi tu dois saluer les gens après le culte, tu dois faire des suivis, tu dois t'intéresser aux autres ne soyez pas exigeant envers les autres, mais soyez exigeant envers vous-même car parfois, il suffit simplement de garder le silence devant une colère pour qu'elle devienne ridicule.

Les gens futés ne sont pas tous des saints ne laisses pas vos blessures altérer votre jugement.

Il faut savoir qu'une personne qui a une grande destinée n'a jamais eu une vie facile un jour tu auras ce que tu mérites.

Plutôt dites-vous ça je n'ai pas le droit de te blesser, mais toi tu peux me blesser, c'est comme ça que je fonctionne et donc si je n'attends ou je te donne la permission de me blesser tes blessures ne me feront aucun effet ne vont pas me faire du mal car tu ne lui vois pas lui mais c'est Satan qui l'utilise, tu te dis qu'il se réveille au pied gauche aujourd'hui mais c'est un homme bien, quelqu'un te blesse mais tu te dis que peut être les blessures intérieures qui les poussent à me blesser ça t'aidera car si tu traites l'homme tel qu'il est , tu ne peux pas l'aimer car il a beaucoup de défauts. Souvent je me dis que je ne partage pas le même pain avec eux, car mon pain est éternel.

Comment mon pain est éternel ou c'est quoi ce pain, que-est –qu'il a de spécial comme ingrédient ce pain ? Le pain que je mange quand j'ai faim n'est autre que la bible c'est mon seul ingrédient.

La bible nous aide quand nous avons des questions, des problèmes, des joies, des souffrances, etc.

Donc pour aimer un homme frère il faut lui trouver les qualités même quand il n'y'a pas comme ce que Dieu avait fait envers nous, toi tu ne dois pas blesser quelqu'un et si ça t'arrive tu dois pleurer et présenter tes excuses, si tu fais du mal tu dois pleurer car si quelqu'un te fait du mal c'est normal, moi je ne dois pas être ingrat mais si tu es ingrat envers moi c'est normal et ce n'est pas orgueil.

J'avais tout le temps peur, peur que ça soit la dernière journée, peur de ne pas assurer.

J'avais peur d'être rejetée d'être seule qui doit croiser ses bras et attendre tout de l'autre, peur d'être seule qui doit veiller sur la maison.

J'avais peur même quand je savais que je ne craignais rien et que j'étais en sécurité.

J'avais peur de rester seule, mais sans mentir je n'arrivais pas à lâcher la prise, j'étais tout le temps sur la défensive.

Mais c'est quand j'accepte de lâcher prise et de croire en Lui que je commence à faire des bonnes choses.

Ces choses-là ne durent pas, la famille est toujours car c'est notre force.

Cela que j'ai compris que je n'avais pas des références j'étais par tout sans y être vraiment ou partout mais une seule fois et cela a duré plus longtemps sans que je ne le sache jusqu'à ce qu'un jour pendant que je faisais mes corvées trop perdue dans mes pensées que j'ai eu une révélation :que ça ne suffit pas seulement d'être un fils mais de comprendre ses responsabilisées entant que fils , et de savoir quand réclamer ses droits et enfin qu'un enfant, car il reste toujours un enfant devant ses parents quel que soit les circonstances, car le roi est notre père à tous et que nous nous sommes dans sa descendance. Depuis ce jour-là ma peur a disparu et je suis la plus heureuse de toutes alors chaque pas de ma vie est sécurisé juste par l'armé du roi puisque je suis de sa descendance, je me dis qu'il faudra utiliser cette relation au maximum.

 je me sens en sécurité dans sa présence et maintenant je sais que ça me suffit grâce à ça je comprends que chaque matin c'est une nouvelle opportunité que le ciel m'offre et j'apprends des nouvelles façons de remercier l'éternel car j'étais ingrate et égoïste ; le seigneur m'aide de faire avec ce que j'ai, cette place dans son royaume qui est un faveur de toutes les façons rien n'est précieux que les moment que je partage avec lui et voilà aujourd'hui je suis une grande personnalité, je suis aimée et gâtée moi par mon père.

Et même quand je n'ai rien à lui dire j'ai besoin de lui parler.

On a tous des gens dans nos vies envers qui on ne devrait jamais être ingrat peu importe ce qui va se passer. Parce qu'après tout ils ont été présents dans nos pires moments.

Lorsque j'ai été blessée et méprisée par tous il a pensé mes blessures et m'a guéri, il a recollé les morceaux, combien même j'ai été indigne il s'est présente à moi plein de compassion de grâce et d'amour.

Ésaïe 53 :5 (LSG)

« Mais il était blessé pour nos péchés, Brisé pour nos iniquités ; Le châtiment qui nous donne la paix est tombé sur lui, Et c'est par ses meurtrissures que nous sommes guéris. »

Il a déversé son huile pour adoucir mes maux et par son vin (sang) il m'a rendu la vie ; à quelque qui se sent seul incompris délaisser saches que Jésus-Christ lui te connait, il t'a vu, lui t'aime le bon samaritain et que personne ne t'empêche d'exprimer ton amour envers celui qui t'a aimé en premier.

L'une des prières de Paul pour les Ephésiens fut qu'ils puissent comprendre la largeur, la longueur et connaitre l'amour de christ qui surpasse toute connaissance.

Et puis peut-être tu te demandes ;

Comment puis-je être enraciné dans cet amour ?

Comment puis-je savoir cela ?

Ce n'est pas en regardant aux bénédictions, ce n'est pas en regardant dans ma famille, ni à la création qui m'entoure car la seule et unique façon est de plonger nos regards sur les souffrances du christ sur la croix du calvaire il y'a 2024 ans et la gloire dont elles sont suivies.

Imagines seulement un monde sans épreuves ! qui pourrait chercher la face de Dieu, pour moi il sera mort, mais bien sûr avec les épreuves ce monde devient bizarre et selon moi c'est avec des choses bizarres que l'histoire s'écrit parfois, c'est-à-dire il devient intéressant avec ces dernières et grâce à ça nous apprenons plus tout le jour puisque Dieu intervient quand il y'a aucun début de réponse ni de solution juste à la fin de nos pensées Regardes ce que jean a dit :

« Et cet amour consiste, non point en ce que nous avons aimé Dieu, mais en ce qu'il nous a aimés et a en envoyé son fils comme victime expiatoire pour nos péchés » 1 Jean 4 :10.

Pierre nous dit que même les agents dans l'éternité ne se lassent de découvrir ce mystère, ne passent pas à autres choses, gardent les yeux fixés sur la croix de christ, mais lui sait tout sur tout.

Le problème est que nous cherchons les biens au moment où nous devrions chercher Christ pour qu'il pourvoir lui-même selon la nécessité, il y'a des relations que tu fais très bien qu'il va te quitter mais c'est la date que tu ignores.

Luc 12 :22-30 (LSG)

Jésus dit ensuite à ses disciples : C'est pourquoi je vous dis : Ne vous inquiétez pas pour votre vie de ce que vous mangerez, ni pour votre corps de quoi vous serez vêtus. La vie est plus que la nourriture, et le corps plus que le vêtement. Considérez les corbeaux : ils ne sèment ni ne moissonnent, ils n'ont ni cellier ni grenier ; et Dieu les nourrit. Combien ne valez-vous pas plus que les oiseaux ! Qui de vous, par ses inquiétudes, peut ajouter une coudée à la durée de sa vie ? Si donc vous ne pouvez pas même la moindre chose, pourquoi vous inquiétez-vous du reste ?

Considérez comment croissent les lis : ils ne travaillent ni ne filent ; cependant je vous dis que Salomon même, dans toute sa gloire, n'a pas été vêtu comme l'un d'eux. Si Dieu revêt ainsi l'herbe qui est aujourd'hui dans les champs et qui demain sera jetée au four, à combien   plus forte raison ne vous vêtira-t-il pas, gens de peu de foi ? Et vous, ne cherchez pas ce que vous mangerez et ce que vous boirez, et ne soyez pas inquiets. Car toutes ces choses, ce sont les païens du monde qui les recherchent. Votre Père sait que vous en avez besoin.   Quand tu deviens un exemple à suivre ; méfie-toi de tes actes car une erreur de ta part peut entraine de lourdes conséquences ça peut même me faire pensent que tu travail le doigt dans le nez et donc ta meilleure leçon deviendra la dernière erreur que tu as faite.

Puis certaines découvertes viennent corriger les convictions, nous sommes nous, vous et eux à la fois, le combler serait à la fois, le combler serait de se convertir et être.

Les jours s'annoncent, en suite viennent les nuits, puis encore des aurores, la plus grande responsabilité pour nous étant de challenger avec tout ce que nous présente ces moments.

Y'a jamais de rencontre au hasard, soit c'est une bénédiction soit c'est une leçon.

Aux gens qui nous soutiennent que l'Eternel vous augmente mille fois autant et qu'il vous bénisse. Il ne dure que ce qui est réciproque, le reste n'est qu'illusion, si tu cherches la personne peut changer ta vie, regardes toi dans le miroir.

Tu veux accomplir des choses extraordinaires, mais sois fidèle dans les moindres choses.

 Je viens te dire que tu peux réussir en restant toi-même. Proverbes 3 :5 (LSG)

Confie-toi en l'Éternel de tout ton cœur, Et ne t'appuie pas sur ta sagesse ;

Est-ce que ça vaut vraiment la peine de réussir si toute ta vie est un mensonge ?

De toute manière tu vas connaitre des échecs, il y'a des gens qui ne vont pas t'aimer, donc autant rester toi-même et être fier de toi pour ça.

Tu es la seule personne qui sera avec toi à la fin donc apprends à t'aimer et fais-en sorte de pouvoir te regarder dans le miroir.

Luc 14 :12-14 (LSG)

Il dit aussi à celui qui l'avait invité : Lorsque tu donnes à dîner ou à souper, n'invite pas tes amis, ni tes frères, ni tes parents, ni des voisins riches, de peur qu'ils ne t'invitent à leur tour et qu'on ne te rende la pareille. Mais, lorsque tu donnes un festin, invite des pauvres, des estropiés, des boiteux, des aveugles. Et tu seras heureux de ce qu'ils ne peuvent pas te rendre la pareille ; car elle te sera rendue à la résurrection des justes. Je me souviendrais toujours de cette phrase « Donner sans attendre quelque chose en retour » la phrase qu'elle me sortait MAMAN AMINI ZAGABE Gracias à chaque fois que je me demandais si c'est quoi l'intérêt à faire du bien dans la vie.

Souvent les gens disent qu'il y'a pas d'intérêt à faire du bien dans la vie ou pourquoi ne pas faire le mal ! Je vais répondre ;

Dans la vie vaut mieux être une bouteille d'eaux que de coca, car quand la bouteille de coca est ajutée si vous l'ouvrez il ne peut qu'exploser tandis que d'eau prends de l'air quand la bouteille est ouverte.

Sais-tu que si tu te repens, tu peux faire face à la souffrance, oui elle ne nous exclut pas à ça.

Sais-tu quel est le but de faire du bien ?

Sais-tu quel est le but de se repentir ?

Car que tu sois chrétien ou pas tu dois quand même faire tes devoirs, que tu sois chrétien ou pas si tu veux être en forme tu dois faire des efforts pour être en forme mais la différence c'est que le chrétien a la paix, un sens, un but et de l'espoir à la fin du tunnel tandis que la personne qui n'a pas Jésus-Christ dans sa vie il traverse les mêmes souffrances de la vie sans espoir et la fin il se retrouve en enfer.

C'est pourquoi moi dans une situation pareille ma prière devient collective : papa bénis ma famille, bénis mes ennemis, bénis tout le monde, ensemble on sourira c'est pourquoi je leur dis de dire que tu as promis que jamais nous serions seuls.

 Aujourd'hui je me dis que mon destin c'est de me retrouver ici avec toi à cet instant pour t'aider à retrouver ta voie, l'univers sait que ce toi, toi aussi tu le sais et la vie est un voyage en communs contenant des arrêts, mais ces ne sont que des étapes de ces voyages pas ta destinée.

Oui je ne sais pas ta destination, mais ce qui est important est qu'on fasse ce voyage tous ensemble et si tu veux tu peux rester avec moi jusqu'à ma destination, chez mon père je t'assure chez mon père il y'a beaucoup de place pour ceux qui veulent.

Il y'a une différence entre celle qu'on se choisie, celle qu'on a grandie avec et ceux qui entrent sans qu'on s'aperçoive et c'est ce qui rend la vie haute en couleur.

CHAPITRE 8 :

CONCLUSION

N'abandonnes jamais jésus il est la vie de toute une histoire, il est l'amour de toute une vie, il est celui qui te fait oublier ton humiliation, il est celui qui te fait oublier que tu avais été refusé et méprisé, il est tout pour nous.

Je me répète souvent ces mots lorsque je suis seule est ces mots sont importants pour moi, alors je me suis dit pourquoi ne pas les partager !

Dieu quand il nous a aimé il ne nous avait pas donné une rose comme les font les autres : acceptes-tu ma rose ? mais il nous a donné la plus précieuse de chose qu'il avait son fils, je crois que ça veut dire qu'on ne devrait pas avoir peur de nous engager nous n'ont plus et je pense que ça vaut ce que ça vaut car ta vie à un cens si tu es aimé par celui qui avait sacrifie son fils pour toi.

Il faut savoir qu'il ne l'avait pas fait par plaisir mais parce qu'il le fallait, le ciel t'a fait un cadeau à toi, ce à toi d'en décider ce que tu vas en faire, ce n'est pas un hasard, car le doute détruit beaucoup plus des rêves que l'échec, heureusement pour nous Dieu n'a jamais pris ses distances.

Deux nouvelles pour toi quand tu aimes une personne qui ne t'aime pas tu ne peux rien absolument faire pour changer cela, de fois même toutes les 26 lettres de l'alphabet peuvent ne pas t'aime mais l'important est que si tu combine ces quatre lettres (J, E, S, U) comme ça (JESUS) tu trouves le nom de ton meilleur ami celui qui t'aime inconditionnellement.

Lorsque nous venons dans la présence de Dieu nous avons tendance à trop parler, il faut savoir que le seigneur parle il a tellement des choses à nous dire, des choses merveilleuses, en fait dans la présence de Dieu nous trouvons des biens pour la satisfaction de nos besoins et dans lui il est impossible de retenir nos larmes de joie parce qu'il est trop bon et nous aime incroyablement.

Nous devons terminer ce qu'il a commencé, il ne faut pas tout garder dans toi, il faut en parler et peu importe si tu en as envie ou pas, car la peur de ne pas être sauver ça peut être causée par plusieurs choses, mais ça peut-être aussi une attaque de l'ennemie dans tes pensées voire même une école.

Vouloir pourquoi tu dois t'armer du casque de l'assurance du salut comme il est écrit dans Éphésiens 6 :17 (LSG)

Prenez aussi le casque du salut, et l'épée de l'Esprit, qui est la parole de Dieu.

Le Seigneur nous demande à ce qu'on s'aime les uns et les autres, supportons-nous et recherchons toujours le positif chez l'autre car personne n'est parfait.

Ne coupe pas la main de Dieu dans ta vie parce que tu as été une source de douleur de quelqu'un, Sois bon(ne) de cœur et fais le pas de la réconciliation car le seigneur est heureux quand ses enfants sont en harmonie. Oui nous tous sommes nés avec des penchants naturels, mais regardes où ils vont t'amener et demandes toi si c'est vers la personne que tu veux devenir ?

La véritable transformation survient lorsque le seigneur se bat à tes cotés et aide à vaincre la nature charnelle, c'est là que nait une nouvelle identité forgée par la grâce divine, il t'amène à ne plus te regarder dans le miroir lorsque tu as besoin d'une face à face avec Dieu. Conseil gratuit ne joue pas avec ta vie parce que Dieu doit t'utiliser pour bénir plusieurs et pour moi je sais que Galère ou pas je dois dire merci au seigneur pour la vie que j'ai, car je sais que le luxe attire les amis, mais la souffrance sélectionne les vrais, Je n'avais rien pour attire leurs regards mais seul de Dieu est resté fidèle malgré la saison comme il le dis dans Deutéronome 31 :6 (LSG)

Fortifiez-vous et ayez du courage ! Ne craignez point et ne soyez point effrayés devant eux ; car l'Éternel, ton Dieu, marchera lui-même avec toi, il ne te délaissera point, il ne t'abandonnera point

C'est pourquoi aujourd'hui je suis persuadée quand mon arrivé au ciel le Seigneur viendra m'accueillir et me dira « mon enfant bienvenu chez toi, bienvenue à la maison. »

Moi je suis une preuve vivante du perdre sans se perdre car après mes combats j'ai remporté la bataille.

A PROPOS DE L'AUTEUR

La sœur ELONGA KAHANDE Justine, une évangéliste de notre temps vivant à Goma en République démocratique du Congo, célibataire mais fortement engager dans une relation avec Dieu.

Elle est licenciée en informatique appliquée à la gestion des entreprises, l'éditeur de la bibliothèque en ligne Victor in the whiting inspirée par le diton qui dit que quand un vieillard meurt c'est une bibliothèque qui se brille, son objectif de changer les choses en faisant la réécriture de cette dernière sur le site en ligne pour tous et donc suite à ça il n'aura plus des bibliothèques en fée.

A PROPOS DU LIVRE

Dans cette génération où beaucoup savent que la perte est réservée seulement aux faibles et pauvres d'où certains brisés les étapes de la vie par peur de perdre et non de se perdre.

Oui l'échec est une chose douloureuse mais tu dois vivre ça au moins une fois dans ta vie et donc si tout ce que tu fais te réussit saches que tu as un problème, car le meilleur des apprentis doit gouter à l'échec et surtout on apprécie la réussite et la gloire que quand on a

Connu son opposé comme dans la bible dans Psaumes 107 : 19-21(LSG) il est écrit que :

Dans leur détresse, ils crièrent à l'éternel ; et il les délivra de leurs angoisses ; il envoya sa parole et les guérit, il les fit échapper de la fosse. Qu'ils louent l'Eternel pour bonté, et pour ses merveilles en faveur des fils de l'homme.

Il faut savoir qu'on ne peut pas perdre contre quelqu'un que notre papa a vaincu, même Satan lui-même sera étonné et le temps qu'il va se rendre compte on nous a canonisé saints il aura échoué il nous attend au tournant mais nous on ne va pas tourner c'est de ça qu'il s'agit. Cet ouvrage rappelle les bienfaits de perdre sans se perdre les méfaits de ne pas perdre en se perdant par des faits pratiques et des principes divins.

Alors je dis à une nouvelle mission accomplie.

<u>Bibliographie</u>

Sauf indication contraire, les références citées dans le présent ouvrage sont tirées de la bible louis second révisée ; édition 1975, de ma vie et les définitions dans le dictionnaire Larousse et Robert.

La reproduction totale ou partielle de ce livre sous toutes ses formes est interdite sauf sur l'autorisation écrite de l'auteur.

Printed by Books on Demand GmbH, Norderstedt / Germany